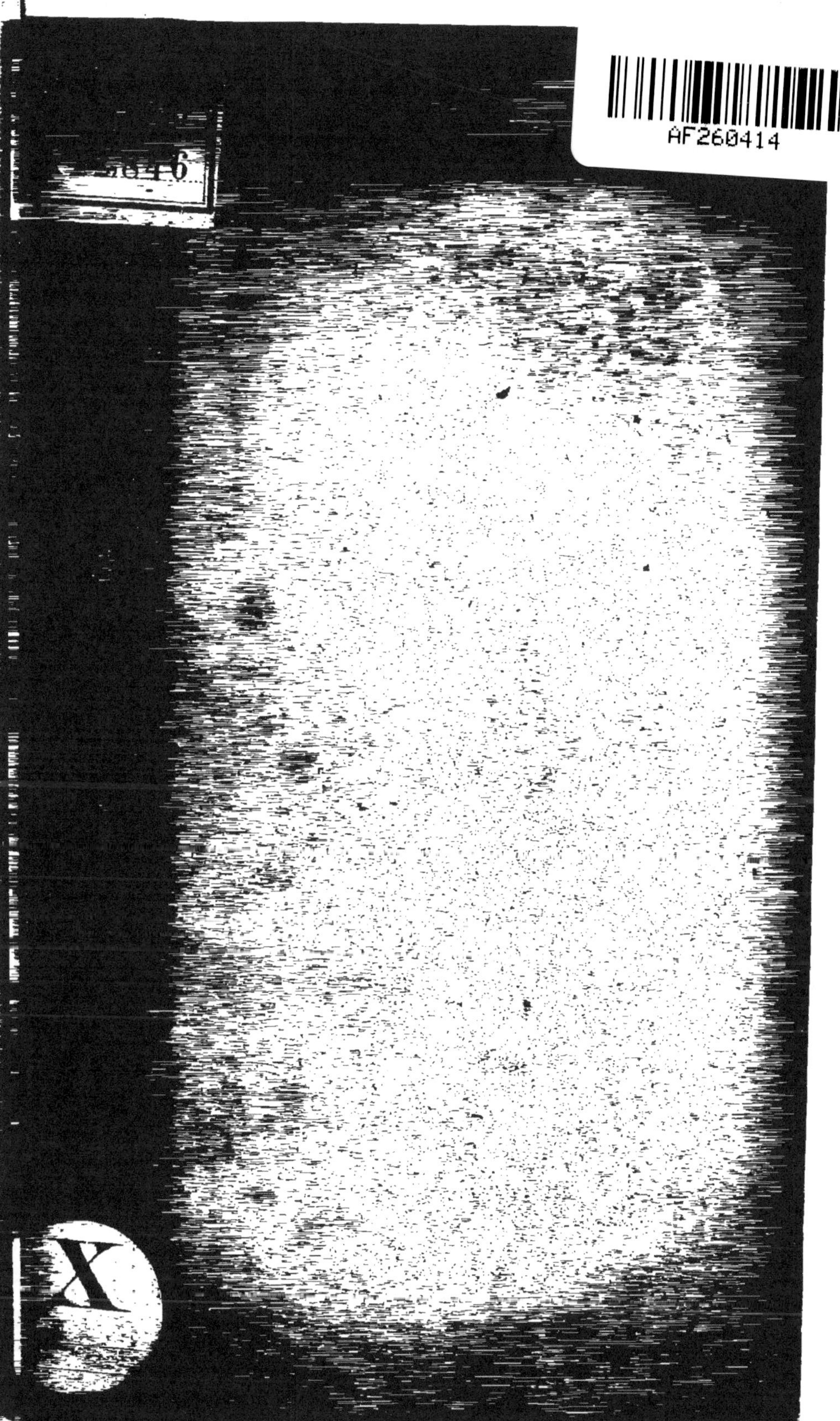
AF260414

BIBLIOTHÈQUE CLASSIQUE

LATINE

A L'USAGE DES ÉLÈVES.

CICERON.

Chez le même Libraire.

Phèdre. Fables choisies, *texte latin seul*. Nouvelle édition, conforme à celle de Brotier, augmentée 1º d'un double appendice (quatre pièces du manuscrit de Dijon, vingt-et-une du manuscrit de Perotti) ; 2º des Pensées de Publius de Syrie et autres comiques ; enrichie de notes, d'une Notice sur la vie de Phèdre et d'une métrique complète de ses OEuvres ; par V. Parisot, ancien élève de l'École normale. 1 vol. in-12; Paris, 1835.

(*Ouvrage adopté par le Conseil royal de l'Instruction publique.*)

Horatii Carmina expurgata ; nouvelle édit. entièrement revue et corrigée, enrichie de notes historiques, mythologiques et archéologiques, et augmentée d'une Notice sur la vie d'Horace, par L. Liskenne; 1 vol. *in*-18. Paris, 1834.

P. M. Virgilii Bucolica, Georgica et Æneis ; nouvelle édit., entièrement revue et corrigée, enrichie de notes historiques, mythologiques, archéologiques, et augmentée de la vie de Virgile, par J.-L. Vincent; 1 vol. *in*-18. Paris, 1834.

Cicéron. Pro Ligario, *texte latin seul*. Nouvelle édition, collationnée sur les textes les plus purs, enrichie de sommaires et de notes en français, par V. Parisot et L. Liskenne; in-12.

———— Pro Marcello, *texte latin seul*. Nouvelle édition, etc. par V. Parisot et L. Liskenne; in-12.

———— Pro Milone, *texte latin seul*. Nouvelle édition, etc. ; par V. Parisot et L. Liskenne; in-12.

Lucien. Dialogues des morts (24), *texte grec seul*, collationné sur l'édition de Lehmann, avec les Racines par ordre des dialogues, leur de table alphabétique ; nouvelle édition accompagnée de sommaires et de notes en français, par V. Parisot, ancien élève de l'école normanne, Paris, 1835.

Les mêmes, suivis d'un lexique *grec-français*, dans lequel les mots à flexion se trouvent coupés de manière à parler aux yeux des élèves; par le même. 1 vol. *in* 12. Paris, 1835.

(*Ouvrage adopté par le Conseil royal de l'Instruction publique.*)

Démosthène. Discours sur la Couronne, *texte grec seul*, avec sommaires, analyse et notes en français, par M. Chappuyzi; 1 vol. in-12. Paris, 1856.

CICÉRON.

LES CATILINAIRES,

TEXTE SEUL,

Nouvelle Édition,

Revue et corrigée avec soin, collationnée sur les textes les plus purs,
enrichie de sommaires et de notes en français ;

PAR V. PARISOT,

ANCIEN ÉLÈVE DE L'ÉCOLE NORMALE.

Paris,

A LA LIBRAIRIE CLASSIQUE
DE A. POILLEUX, ÉDITEUR,
QUAI DES AUGUSTINS, 57.
1837.

Toutes mes éditions classiques, étant collationnées sur les éditions les plus récentes et les plus renommées, principalement sur celles de l'Allemagne, sont supérieures à celles qui ont, jusqu'ici, paru en France à l'usage des classes.

Toute contrefaçon sera poursuivie conformément aux lois.

Les exemplaires sortis de mes presses sont tous revêtus de ma griffe.

PARIS, IMPRIMERIE DE DUCESSOIS

QUAI DES AUGUSTINS, 55.

M. T. CICÉRON.

PREMIER DISCOURS

CONTRE L. CATILINA,

PRONONCÉ

LE 8 NOV., 63 ANS AV. J. C., AU TEMPLE DE JUPITER STATOR,

DEVANT LE SÉNAT.

OCCASION DU DISCOURS.

Dans la nuit du 6 au 7 avait eu lieu le conciliabule chez Lecca, dont plus bas le détail va suivre (rôles distribués aux principaux conjurés, tentative d'assassinat sur la personne de Cicéron, annonce du prochain départ de Catilina pour le camp de Mallius, et en conséquence d'une prochaine invasion à main armée) : Catilina ensuite ose se présenter au sénat ; indignation de tous, explosion du consul.

1. Violente apostrophe à Catilina. On sait tout, et il ose apparaître parmi les sénateurs dont il trame l'égorgement ! Ah ! il y a longtemps qu'il eût dû périr du supplice des traîtres ! Le sénat ne demande pas mieux.

1. Quousque tandem abutere, Catilina, patientiâ nostrâ ? quamdiu etiam furor iste tuus nos eludet ? quem ad finem sese effrenata jactabit[1] audacia ? Nihilne[2] te nocturnum præsidium Palatii, nihil urbis vigiliæ, nihil timor populi[3], nihil concursus bonorum omnium, nihil hic munitissimus habendi senatûs locus[4],

1. *Quem ad finem sese... jactabit.* Métaphore empruntée de la course des chars dans la carrière. *Jactare* implique deux idées, s'élancer et se mouvoir peu régulièrement.

2. *Nihil,* ici et dans toute la période, est pris adverbialement et revient à *nequaquam* (en aucune façon, nullement, etc.) — *Palatii,* le mont Palatin et les ouvrages élevés sur cette colline.

3. *Timor populi.* Cet effroi venait des vagues nouvelles reçues à Rome sur l'armement de Mallius et des mesures militaires prises à Rome pour sa défense. Les mesures annonçaient qu'il y aurait conflit, ce qui pour beaucoup de personnes semblait pis que l'entrée pure et simple des partisans de Mallius.

4. *Munitissimus habendi senatûs locus.* C'était le temple de Jupiter Stator. D'ordinaire le sénat s'assemblait dans son palais dit *Curie Hostilie* (ou, dans quelques cas spéciaux, dans le temple de Bellone).

nihil horum ora vultusque moverunt? Patere tua con
silia non sentis? constrictam [1] jam omnium horum [2]
conscientiâ teneri conjurationem tuam non vides?
Quid proximâ [3], quid superiore nocte egeris, ubi fue-
ris, quos convocaveris, quid consilii ceperis , quem
nostrûm ignorare arbitraris?

2. O tempora! o mores! Senatus hæc intelligit,
consul videt : hic tamen vivit. Vivit? Immo verò etiam
in senatum venit : fit publici consilii particeps : notat
et designat oculis ad cædem unumquemque nostrûm.
Nos autem, viri fortes, satisfacere reipublicæ videmur,
si istius furorem ac tela vitemus.

3. Ad mortem te , Catilina , duci, jussu consulis,
jampridem oportebat [4] : in te conferri pestem istam ,
quam tu in nos omnes jamdiu machinaris. An verò
vir amplissimus, P. Scipio [5], pontifex maximus, Tib.
Gracchum [6], mediocriter labefactantem statum reipublicæ, privatus [7] interfecit : Catilinam verò, orbem
terræ cæde atque incendiis vastare cupientem, nos
consules [8] perferemus? Nam illa nimis antiqua præter-
eo, quòd Q. Servilius Ahala [9] Sp. Melium novis rebus
studentem, manu suà occidit. Fuit, fuit ista quondam
in hac republicâ virtus, ut viri fortes acrioribus suppliciis civem perniciosum, quàm acerbissimum hostem

---

1. *Constrictam.* Serré , terme à la gorge.

2. *Horum.* Les sénateurs et autres encore peut être, ici présents.

3. *Proximâ.* La nuit du 7 au 8 novembre ; *superiore*, celle du 6 au 7.

4. *Ad mortem... oportebat.* C'était pourtant souverainement illégal. Cette antinomie de la loi et de la politique, de la justice et de l'équité fut dans tout le cours de l'affaire de Catilina, un des plus grands embarras de Cicéron, et nous l'y verrons souvent revenir toujours avec des arguments ou des exemples qui tendent à sacrifier la loi.

5. *P. Scipio.* Tout au long, P. Cornelius Scipio Nasica Serapio (c.-à-d. marchand de cochons, sobriquet qui lui fut donné par la haine publique après le meurtre de son parent . Il avait été consul en 138.

6. *Tib. Gracchum.* Tout le monde connaît le tribun dont le crime avait été de demander pour la partie la plus pauvre du peuple un faible soulagement, en lui faisant distribuer, 1º partie des terres conquises, 2º les biens laissés par Attale à la république. Ces événements sont de l'an 133.

7. *Privatus.* Le suprême pontificat ne constituait donc pas une magistrature.

8. *Nos consules.* Parallélisme, avec *privatus*.

9. *Q. Servilius Ahala*, maître de la cavalerie du dictateur Cincinnatus en 439. Rien n'est moins prouvé que le crime de Sp Melius, et en 435 Ahala fut exilé pour ce glorieux homicide que vante Cicéron.

coercerent. Habemus enim senatusconsultum [1] in te , Catilina , vehemens et grave : non deest reipublicæ consilium, non auctoritas hujus ordinis : nos dico apertè, consules desumus.

II. Et faire mourir les traîtres est de droit dans la république romaine : exemples, Opimius, Marius. Mais est-il politique d'user de ce droit sur Catilina? Question difficile ! à laquelle Cicéron finit par répondre: « Non pour le présent ! un peu plus tard, oui ! »

4. Decrevit quondam senatus , ut L. Opimius consul videret, ne quid respublica detrimenti caperet [2] : nox nulla intercessit ; interfectus est propter quasdam seditionum suspiciones C. Gracchus [3], clarissimo patre, avo, majoribus : occisus est cum liberis M. Fulvius [4], consularis. Similis senatusconsulto , C. Mario et L. Valerio consulibus , permissa est respublica : num unum diem postea L. Saturninum , tribunum plebis , et C. Servilium prætorem , mors ac pœna reipublicæ remorata est [5]? At nos vicesimum jam diem [6] patimur hebescere aciem [7] horum auctoritatis. Habemus enim hujusmodi senatusconsultum, verumtamen inclusum in tabulis, tanquam in vaginâ reconditum ; quo ex senatusconsulto confestim interfectum esse te , Catilina, convenit. Vivis , et vivis non ad deponendam, sed ad confirmandam audaciam. Cupio, patres conscripti, me esse clementem : cupio in tantis reipublicæ periculis non dissolutum videri : sed jam me ipsum inertiæ nequitiæque condemno.

5. Castra sunt in Italiâ contra rempublicam , in

1. *Senatusc... veh. et gr.* L'un de ceux qui se terminaient par la fameuse formule *caveant consules ne quid detrimenti R. P. capiat.*

2. *Decrevit.. caperet.* En 123.

3. *C. Gracchus.* Frère du Tibérius victime de Nasica Sérapion et plus célebre encore que son frere.

4. *M. Fulvius Flaccus*, consul en 125. Ses deux fils furent égorgés (voy. plus bas, pour le dernier).

5. *Similis..... remorata est?* L'an 100, après le meurtre de Memmius, compétiteur de Servilius au consulat : Saturninus, auteur du meurtre, était consul pour la 2e fois.

6. *Vicesimum jam diem.* Plus exactement *undevicesimum* le 19e jour, car le décret avait été rendu le 21 octobre.

7. *Hebescere aciem.* Métaphore très expressive, et qui se continue a la phrase suivante par *tanquam in vaginâ reconditum.*

Etruriæ faucibus [1] collocata : crescit in dies singulos hostium numerus : eorum autem imperatorem castrorum, ducemque hostium, intra mœnia, atque adeò in senatu videmus, intestinam aliquam quotidie perniciem reipublicæ molientem. Si te jam, Catilina, comprehendi , si interfici jussero`, credo, erit verendum mihi , ne non hoc potiùs omnes boni seriùs a me, quàm quisquam crudeliùs factum esse dicat [2]. Verùm ego hoc , quod jampridem factum esse oportuit, certâ [3] de caussâ nundum adducor ut faciam. Tum denique interficiam te, quum jam nemo tam improbus, tam perditus, tam tuî similis inveniri poterit, qui id non jure factum esse fateatur. Quamdiu quisquam erit, qui te defendere audeat, vives : et vives ita, ut nunc vivis, multis meis, et firmis præsidiis obsessus, ne commovere te contra rempublicam possis. Multorum te etiam oculi et aures non sentientem, sicut adhuc fecerunt, speculabuntur , atque custodient [4].

III. En attendant, il démontre à Catilina qu'il connaît toutes ses manœuvres, toutes ses pensées, et lui rappelle quelques faits saillants de sa conduite avant le 6 novembre.

6. Etenim quid est, Catilina, quod jam ampliùs exspectes , si neque nox tenebris obscurare cœtus nefarios, nec privata domus parietibus continere vocem conjurationis tuæ potest ; si illustrantur, si erumpunt omnia ? Muta jam istam mentem : mihi crede : obliviscere cædis atque incendiorum. Teneris undique [5] :

1. *In Etruriæ faucibus.* C'est-à-dire *in Etruriâ quæ est quasi fauces urbis.* Il ne s'agit point des défilés de l'Apennin, que pourtant on pourrait nommer aussi gorges de l'Etrurie.

2. *Erit e.... dicat.* Pour comprendre ceci, supposez d'abord que *non* entre *ne* et *hoc* n'y soit plus, et construisez ainsi en cinq masses : 1° *erit verendum mihi*, 2° *ne*, 3° *omnes boni dicant; hoc factum esse) a me seriùs*, 4° *potius quàm (erit verendum ne)*, 5° *quisquam dicat (hoc) factum esse crudeliùs.* Le sens alors est très-facile; et ce sens est sérieux. Prenez la contre-partie, niez ce qui précède, en d'autres termes inter-

calez *non* , vous avez alors une proposition ironique, une contre-vérité qui revient à la vérité plus fortement exprimée : cette ironie est marquée par *credo* en avant de tout le membre de phrase.

3. *Certâ.* Fixe, sur laquelle j'ai bien réfléchi.

4. *Multorum... custodient.* Parmi ces espions le plus connu est Curius. Voy. Salluste, *G. de C.*, nᵒ 23, 26, 28.

5. *Teneris undique.* Métaphore vive analogue à celle de *constrictam* (note 5). Du reste *Constrictam* est presque noble; *teneris undique* (nous le tenons par tous les bouts) appartient au style familier.

luce sunt clariora nobis tua consilia omnia : quæ etiam mecum licet recognoscas.

7. Meministi-ne, me ante diem xii kalendas novembris [1] dicere in senatu, fore in armis certo die, qui dies futurus esset ante diem vi kalendas novembris [2], C. Mallium, audaciæ satellitem atque administrum tuæ? Num me fefellit [3], Catilina, non modò res tanta, tam atrox, tam incredibilis, verùm, id quod multò magis est admirandum, dies? Dixi ego idem in senatu cædem te optimatum contulisse in ante diem v kalendas novembris [4], tum quum multi principes civitatis Româ non tam suî conservandi, quàm tuorum consiliorum reprimendorum caussâ, profugerunt : num inficiari potes, te illo ipso die meis præsidiis, meâ diligentiâ circumclusum, commovere te contra rempublicam non potuisse ; quum tu discessu cæterorum, nostrâ tamen, qui remansissemus, cæde [5] contentum te esse dicebas?

8. Quid? quum te Præneste [6] kalendis ipsis novembris [7] occupaturum nocturno impetu esse confideres : sensisti-ne, illam coloniam meo jussu, meis præsidiis, custodiis vigiliisque esse munitam? Nihil agis, nihil moliris, nihil cogitas, quod ego non modò non audiam, sed etiam non videam, planèque sentiam.

IV. Puis viennent les détails sur le conciliabule de la nuit du 6 au 7. Célérité des révélations par lesquelles Cicéron sait tout. Désappointement des assasins qui venaient lui souhaiter le bonjour le 7 au matin.

9. Recognosce tandem mecum illam superiorem

1. *Ante diem XII Kal. novembris.* Les Latins divisaient le mois en kalendes (le 1er), nones (5 ou 7), ides (13 ou 15); puis l'on comptait en rétrogradant c'est-à-dire que les nones étant le 7, le 6 était le 2 des id. ou la veille des id,

le 5—le 3 des id.

le 4—le 4 des id.

le 3—le 5 des id.

le 2—le 6 des id.

et ainsi pour tous le reste, ainsi le 2 des kal. de nov, était le 31 octob. et le 12 desdites kalendes le 21 oct.

2. *Ante d. VI K. Nov.*, 27 octobre.

3. *Me fefellit.* M'a-t-elle échappé? me suis-je trompé sur... ?

4 *Ante diem V kal. nov.* Le 28 octob.

5. *Nostrâ cæde.* C'est-à-dire *meâ* : Cicéron aime à dire *nos* pour *ego* (*nos, nos consules desumus*, etc.). Remarquer l'ellipse *nostra qui remansissemus*, et se l'expliquer.

6 *Præneste.* Auj. *Palestrine*, sur une montagne, à l'E. et à 12. l. de Rome, S. de Tibur et N. d'Anagnie. Sa position la rendait importante.

7. *Kal. ipsis novembris.* Le 1er novembre même.

noctem : jam intelliges multò me vigilare acriùs ad salutem, quàm te ad perniciem reipublicæ. Dico te priori nocte venisse inter falcarios[1] (non agam obscurè) in M. Leccæ domum : convenisse eòdem complures ejusdem amentiæ, scelerisque socios. Num negare audes ? quid taces ? convincam, si negas. Video enim esse in senatu quosdam, qui tecum unà fuere.

10. O Dii immortales ! ubinam gentium sumus ? in quâ urbe vivimus ? quam rempublicam habemus ? Hìc, hìc sunt, in nostro numero, patres conscripti, in hoc orbis terræ sanctissimo gravissimoque consilio, qui de meo, nostrûmque omnium interitu, qui de hujus urbis, atque adeò orbis terrarum exitio cogitent. Hosce ego video consul, et de republicâ sententiam rogo : et, quos ferro trucidari oportebat, eos nondum voce vulnero. Fuisti igitur apud Leccam illâ nocte, Catilina : distribuisti partes Italiæ[2] : statuisti quò quemque proficisci placeret : delegisti quos Romæ relinqueres, quos tecum educeres : descripsisti urbis partes ad incendia : confirmasti, te ipsum jam esse exiturum : dixisti paullulum tibi esse etiam tum moræ, quòd ego viverem. Reperti sunt duo equites romani[3], qui te istâ curâ liberarent, et sese illâ ipsâ nocte paullo ante lucem me in meo lectulo interfecturos pollicerentur.

11. Hæc ego omnia, vixdum etiam cœtu vestro dimisso, comperi : domum meam majoribus præsidiis munivi, atque firmavi : exclusi eos, quos tu manè ad me salutatum miseras, quum illi ipsi venissent; quos ego jam multis ac summis viris ad me id temporis venturos esse prædixeram.

---

1. *Inter falcarios.* Vulg. on entend des soldats armés de faux, ce qui n'a pas le sens commun : il s'agit ici de fabricants de faux, de taillandiers. Reste à savoir si le lieu désigné est une rue ou un quartier.

2. *Distribuisti partes Italiæ.* L'Etrurie à Mallius, l'Ombrie à C. Julius, le Picenum à Septimius. Voy. Salluste.

3. *Duo equites romani.* Ou suivant Salluste, un chevalier (Cornelius) et un sénateur (Vargunteïus).

V. Ceci posé, il donne à Catilina le conseil de quitter Rome, — conseil et
rien de plus.

12. Quæ quum ita sint, Catilina, perge quò cœpisti ; egredere aliquando ex urbe ; patent portæ : proficiscere. Nimiùm diù te imperatorem illa tua Malliana castra desiderant. Educ tecum etiam omnes tuos ; si minùs, quàm plurimos. Purga urbem. Magno me metu liberabis, dummodo inter me atque te murus intersit. Nobiscum versari jam diutius non potes : non feram, non patiar, non sinam [1].

13. Magna Diis immortalibus habenda est gratia, atque huic ipsi Jovi Statori, antiquissimo [2] custodi hujus urbis, quòd hanc tetram, tam horribilem, tamque infestam reipublicæ pestem toties jam effugimus. Non est sæpius in uno homine salus summa periclitanda reipublicæ. Quamdiu mihi consuli designato, Catilina, insidiatus es, non publico me præsidio, sed privatâ diligentiâ defendi. Quum proximis comitiis consularibus me consulem in campo [3], et competitores tuos interficere voluisti, compressi tuos nefarios conatus amicorum præsidio et copiis, nullo tumultu publicè concitato. Denique quotiescumque me petisti, per me tibi obstiti, quanquam videbam perniciem meam cum magnâ calamitate reipublicæ esse conjunctam. Nunc jam apertè rempublicam universam petis. Templa Deorum immortalium, tecta urbis, vitam omnium civium, Italiam denique totam, ad exitium et vastitatem [4] vocas.

14. Quare, quoniam id, quod est primum [5], et quod est hujus imperii, disciplinæque majorum proprium, facere nondum audeo ; faciam id, quod est ad severi-

---

1. *Non... sinam.* Gradation descendante.

2. *Antiquissimo.* Son temple était le plus ancien de tous ceux de Rome, sauf peut-être celui de Jupiter Feretrien. Stator, suivant l'étymologie vulgaire, veut dire que, grâce à Jupiter, les Romains résistèrent de pied ferme aux Sabins, en dépit de l'avantage que ceux-ci commencèrent par avoir sur eux. Plus probablement pourtant Statór revient à *per quem urbs stat.*

3. *Campo.* Le Champ-de-Mars. Horace

    ...hic generosior
  Descendat in campum petitor.
          Od., l. 3

4. *Vastitas.* De *vastetum.* Le ravage en faisant partout table rase, semble élargir les dimensions des lieux.

5. *Quod est primum.* sous-ent, *faciendum.*

tatem lenius, et ad communem salutem utilius. Nam ,
si te interfici jussero, residebit in republicâ reliqua
conjuratorum manus : sin tu (quod te jamdudum hor-
tor) exieris , exhaurietur ex urbe tuorum comitum
magna et perniciosa sentina[1] reipublicæ. Quid est,
Catilina ? num dubitas id, me imperante, facere, quod
jam tuâ sponte faciebas ? Exire ex urbe consul hostem
jubet. Interrogas me, num in exsilium? non jubeo[2] :
sed si me consulis , suadeo.

VI. Raisons qui doivent l'engager à se rendre à ces avis. Mépris et haine qu'il
inspire à tous les cœurs honnêtes, et le propre tableau des crimes, des
turpitudes qui ont souillé sa vie.

15. Quid enim , Catilina, est , quod te jam in hac
urbe delectare possit ? in quâ nemo est , extra istam
conjurationem perditorum hominum , qui te non me-
tuat , nemo qui te non oderit. Quæ nota domesticæ
turpitudinis non inusta vitæ tuæ est? quod privata-
rum rerum dedecus non hæret infamiæ ? quæ libido
ab oculis, quod facinus a manibus unquam tuis , quod
flagitium a toto corpore abfuit ? cui tu adolescentulo[3],
quem corruptelarum illecebris irretisses , non aut ad
audaciam, ferrum, aut ad libidinem, facem prætulisti ?

16. Quid verò ? nuper quum morte superioris uxo-
ris, novis nuptiis domum vacuam fecisses, nonne etiam
alio incredibili scelere[4] hoc scelus cumulasti? Quod ego
prætermitto , et facilè patior sileri, ne in hac civitate
tanti facinoris immanitas aut exstitisse , aut non vindicata esse videatur. Prætermitto ruinas fortunarum
tuarum, quas omnes impendere tibi proximis idibus[5]

1. *Sentina.* La sentine , le fond de
cale, en quelque sorte l'égout du vais-
seau.

2. *Non jubeo.* C'est pourtant l'expression qu'il vient d'employer.

3. *Cui tu adolescentulo. . prætulisti.*
Voir *Salluste*, nᵒ 14 et 16. Ces passages
justifient complétement tout ce qu'a-
vance Cicéron.

4 *Incredibili scelere.* Il fit périr
un fils du premier lit pour épouser
en secondes noces l'opulente Julie Ores-
tille qui ne voulait pas avoir de beau-
fils.

5. *Proximis idibus.* Les intérêts se
payaient de mois en mois, et en conséquence aux kalendes. Parfois pourtant on
stipulait seulement pour le demi-mois.
Probablement cela surtout avait lieu
lorsque le débiteur, ne pouvant payer aux
kalendes, demandait un répit qui constituait une espèce de renouvellement,

senties. Ad illa venio, quæ non ad privatam ignominiam vitiorum tuorum, non ad domesticam tuam difficultatem ac turpitudinem, sed ad summam rempublicam, atque ad omnium nostrûm vitam salutemque pertinent.

17. Potestne tibi hujus vitæ hæc lux, Catilina, aut hujus cœli spiritus esse jucundus, quum scias, horum esse neminem qui nesciat, te pridie kalendas januarias[1], Lepido et Tullo consulibus, stetisse in comitio cum telo? manum consulum et principum civitatis interficiendorum causâ, paravisse? sceleri ac furori tuo non mentem aliquam aut timorem tuum, sed fortunam populi romani obstitisse[2]? Ac jam illa omitto : neque enim sunt aut obscura, aut non multa postea commissa. Quoties tu me designatum, quoties me consulem interficere conatus es? quot ego tuas petitiones[3] ita conjectas, ut vitari posse non viderentur, parvâ quâdam declinatióne, et, ut aiunt, corpore effugi? Nihil agis, nihil assequeris, nihil moliris, quod mihi latere valeat in tempore : neque tamen velle ac conari desistis. Quoties jam tibi extorta est sica ista de manibus? quoties verò excidit casu aliquo, et elapsa est? Tamen eâ carere diutius non potes : quæ quidem quibus abs te initiata sacris, ac devota sit, nescio, quòd eam necesse putas consulis in corpore defigere.

VII. Cette haine, elle se manifeste maintenant même par l'attitude du sénat à son égard, ce silence, ces bancs vides, etc., etc. Qui voudrait rester parmi des parents, il y a plus, parmi des enfants qui le haïraient autant ? Prosopopée de la patrie, qui vient elle-même certifier à Catilina qu'il est, oui qu'il est pour elle un objet de dégoût et d'horreur.

18. Nunc verò, quæ tua est ista vita? sic enim jam tecum loquar, non ut odio permotus esse videar, quo

1. *Pridie kal. januarias*, 31 décembre, *Lepido et Tullo Consulibus*, 66 avant J.-C.

2. *Stetisse.... obstitisse.* C'est de la 1re conjuration de Catilina qu'il s'agit. Crassus et César en étaient. Le but était de tuer les consuls désignés (pour l'an 65) au moment où ils allaient prendre possession de leur charge. Crassus ne vint point au jour dit, et César seul n'osa donner le signal.

3. *Petitiones.* Attaques. Mot emprunté des salles d'escrime et des jeux de gladiateurs. *Non te, Galle, sed arem peto.*

debeo, sed ut misericordiâ, quæ tibi nulla debetur. Venisti paulo antè in senatum : quis te ex hac tantâ frequentiâ, ex tot tuis amicis ac necessariis[1] salutavit ? Si hoc post hominum memoriam contigit nemini, vocis exspectas contumeliam, quum sis gravissimo judicio taciturnitatis[2] oppressus ? Quid, quòd adventu tuo ista subsellia vacua facta sunt ? quòd omnes consulares, qui tibi persæpe ad cædem constituti fuerunt, simul atque assedisti, partem istam subselliorum nudam atque inanem reliquerunt ? Quo tandem animo hoc tibi ferendum putas ?

19. Servi, meherclè, mei si me isto pacto metuerent, ut te metuunt omnes cives tui, domum meam relinquendam putarem ; tu tibi urbem[3] non arbitraris ! et, si me meis civibus injuriâ suspectum tam graviter atque offensum viderem, carere me adspectu civium, quàm infestis oculis omnium conspici mallem ; tu, quum conscientiâ scelerum tuorum agnoscas odium omnium justum, et jam tibi diu debitum, dubitas, quorum mentes sensusque vulneras, eorum adspectum præsentiamque vitare ! Si te parentes timerent, atque odissent tui, neque eos ullâ ratione placare posses ; ut opinor, ab eorum oculis aliquò concederes. Nunc te patria, quæ communis est omnium nostrûm parens, odit ac metuit ; et jamdiu de te nihil judicat, nisi de parricidio suo cogitare : hujus tu neque auctoritatem verebere, neque judicium sequere, neque vim pertimesces !

20. Quæ tecum, Catilina, sic agit, et quodam modo tacita loquitur : « Nullum aliquot jam annis facinùs exstitit, nisi per te ; nullum flagitium sine te ; tibi uni multorum civium neces, tibi vexatio direptioque sociorum, impunita fuit ac libera ; tu non solùm ad negligendas leges ac quæstiones[4], verùm etiam ad ever-

---

tendas perfringendasque valuisti : superiora illa, quanquam ferenda non fuerunt, tamen, ut potui, tuli. Nunc verò me totam esse in metu propter te unum ; quidquid increpuerit [1], Catilinam timeri ; nullum videri contra me consilium iniri posse, quod a tuo scelere abhorreat, non est ferendum. Quamobrem discede , atque hunc mihi timorem eripe : si est verus, ne opprimar ; sin falsus, ut tandem aliquando timere desinam. »

III. Comédie jouée par Catilina, qui, pour endormir les soupçons, a voulu se faire mettre en surveillance. Personne n'a été dupe de ce jeu ; mais le jeu ne prouve-t-il rien ? ne prouve-t-il pas que Catilina sent bien qu'il est, comme le dit Cicéron, un objet de crainte et de haine pour ses concitoyens ? Qu'il parte donc !

21. Hæc si tecum, ut dixi, patria loquatur , nonne impetrare debeat , etiam si vim adhibere non possit ? Quid ? quòd tu te ipse in custodiam [2] dedisti ? Quid ? quòd, vitandæ suspicionis causâ, apud M. Lepidum [3] te habitare velle dixisti ? A quo non receptus, etiam ad me venire ausus es ; atque , ut domi meæ te asservarem, rogasti ? Quum a me quoque id responsum tulisses, me nullo modo posse iisdem parietibus [4] tutò esse tecum , qui magno in periculo essem , quòd iisdem mœnibus contineremur, ad Q. Metellum [5] prætorem venisti ? A

les mots annexes *de ambitu, de majestate, de peculatu, de vi.* Sylla en avait établi d'autres *de veneficiis,* etc.

1. *Quidquid increpuerit.* Au moindre bruit. Se rendre compte de ce sens.

2. *Custodiam.* Garde libre ou surveillance, parfaitement différente, comme on peut le voir par ce qui suit, de l'incarcération réelle. Elle consistait à rester à la garde de quelque magistrat ou grand personnage qui les retenait dans sa maison, sous sa responsabilité. Les quatre principaux complices de Catilina (Lentulus, Gabinius, Céthégus, Statilius), tant qu'ils ne furent que prévenus, furent ainsi en surveillance. Voy. 3e et 4e Catilinaires et comp. Salluste *G. de C.*, n. 47.

3. *M. Lepidum ,* M. (ou Manius) Æmilius Lepidus avait été consul en 66. C'était un consulaire et non un magis-

trat en exercice.

4. *Parietibus... mœnibus.* Cette phrase pourrait être citée dans un dictionnaire des synonymes latins pour faire voir quelle différence il y a de *parietes,* murailles ordinaires, murailles de maisons, à *mœnia,* murailles de ville.

5. *Q. Metellum.* C'est Q. Cæcilius Metellus Celer, fils de Q. Cæc. Met. Nepos, consul en 98. Lui-même devint consul en 60, et ensuite fut envoyé en qualité de proconsul dans la Gaule Transalpine, préteur en 63 (comme on le voit dans ce passage), il coopéra de la manière la plus efficace aux mesures de Cicéron. C'est lui qui fut envoyé dans la Cisalpine, pour la mettre en défense contre les insurgés adhérents de Catilina, et il battit lui-même le chef des conjurés.

quo repudiatus, ad sodalem tuum, virum optimum [1],
M. Marcellum [2] demigrasti : quem tu videlicet et ad
custodiendum te, diligentissimum ; et ad suspican-
dum, sagacissimum ; et ad vindicandum, fortissimum
fore putasti? Sed quàm longè videtur a carcere atque
a vinculis abesse debere, qui se ipsum jam dignum
custodiâ judicaverit?

22 Quæ quum ita sint, Catilina, dubitas, si hìc
morari æquo animo non potes, abire in aliquas terras, et vitam istam multis suppliciis justis debitisque
ereptam, fugæ solitudinique mandare! Refer [3], inquis,
ad senatum (id enim postulas); et, si hic Ordo placere
sibi decreverit, te ire in exsilium, obtemperaturum
te esse dicis. Non referam id, quod abhorret a meis
moribus ; et tamen faciam, ut intelligas, quid hi de
te sentiant. Egredere ex urbe, Catilina ; libera rempublicam metu ; in exsilium, si hanc vocem exspectas, proficiscere. Quid est, Catilina? ecquid attendis ?
ecquid animadvertis horum silentium ? Patiuntur,
tacent : quid exspectas auctoritatem [4] loquentium,
quorum voluntatem tacitorum perspicis ?

23. At si hoc idem huic adolescenti optimo P.
Sextio [5], si fortissimo viro M. Marcello [6] dixissem; jam

1. *Virum optimum.* Ironie. On sait
quels étaient, du‘moins au dire de Cicéron, les amis de Catilina. Voy. 2ᵉ Catilinaire nᵒ 10, la 6ᵉ classe des conjurés

2. *M. Marcellum.* Totalement in-
connu, si comme tout donne lieu de le
présumer, ce n'est aucun de ces célèbres
Marcellus consul en 51, 50 et 49 av.
J.-C., et particulierement de celui qu'il
nomme un peu plus bas, et qui n'est
autre que le Marcellus pour lequel il
composa le *pro Marcello.*

3. *Refer.* Les sénateurs n'avaient point
d'initiative : les consuls leur proposaient
une mesure par une motion ou *rela-
tion* qu terminait une motion, et ils
volaient pour ou contre. Les empereurs
en se faisant investir par le sénat de tous
les pouvoirs, mais par des actes isolés et
en quelque sorte incomplets, n'oublièrent
pas le *jus relationis* compris au reste

dans la puissance consulaire à perpétuité
dont Auguste, puis tous ses successeurs,
furent revêtus.

4. *Auctoritatem.* Vote imposant (vote
qu'on peut citer comme autorité, qu'on
peut faire valoir comme exemple). Construction : 1ᵒ (en supprimant *loq.* et *tac.*,
et suppléant *eorum*), *Quid exp. auct.
eorum quorum persp. vol.* ? 2ᵒ (par un
revirement plus élégant) *quorum* (ceux
dont *persp. vol., eorum quid exspectas
auct.* ? 3ᵒ (en intercalant *dum loquuntur, dum tacent*) *quorum perspicis voluntatem, dum tacent, q. exsp. eor. vol.
dum loquuntur?* 4ᵒ Enfin (en substituant
loquentium à *dum l.*, *tacitorum* à
dum tacent), *quorum vol. tacitorum
persp. quid exsp. auct. loquentium?*

5. *P. Sextio.* Questeur du collègue
de Cicéron, C. Antonius Nepos.

6. *M. Marcello.* Voy. n. 2. de cette page.

mihi consuli hoc ipso in templo, jure optimo, senatus vim et manus intulisset. De te autem, Catilina,
quum quiescunt, probant ; quum patiuntur, decer-
nunt ; quum tacent, clamant : neque hi solùm, quorum tibi auctoritas est videlicet cara [1], vita vilissima,
sed etiam illi Equites romani, honestissimi atque optimi viri [2], cæterique fortissimi cives, qui circum-
stant senatum. Quorum tu et frequentiam videre, et
studia perspicere, et voces paulo antè exaudire po-
tuisti. Quorum ego vix abs te jamdiu manus ac tela
contineo : eosdem facilè adducam, ut te hæc [3], quæ
jampridem vastare studes, relinquentem, usque ad
portas prosequantur.

IX. Qu'il parte, non pas pour l'exil, non pas avec un repentir (folies que
d'attendre cela de lui !) qu'il parte ou seul ou suivi de tous ses adhérents, comme
il l'aimera le mieux ! qu'il parte et coure rejoindre ceux qui l'attendaient
à Forum Aurelium ! qu'il suive son aigle d'argent !

24. Quanquam quid loquor ? te ut ulla res frangat ?
tu ut unquam te corrigas ? tu ut ullam fugam meditere ?
ut ullum tu exsilium cogites ? Utinam tibi istam mentem Dii immortales duint [4] ! Tametsi video, si meâ voce
perterritus ire in exsilium animum induxeris, quanta
tempestas invidiæ [5] nobis, si minùs in præsens tempus,
recenti memoriâ scelerum tuorum, at in posteritatem
impendeat. Sed est mihi tanti [6], dummodo ista privata

1. *Auctoritas cara.* Ironie, ainsi que le prouve les deux mots qui suivent.

2. *Honestissimi atque optimi viri.* Cicéron en revient souvent à l'éloge de ces banquiers et fermiers généraux de la république, dont, à ce qu'il paraît, l'amitié n'était à ses yeux point à dédaigner. Nul doute, au reste, que politiquement leur coopération ne fût de haute importance pour le sénat. Depuis les Gracques, ils avaient été presque continuellement en opposition avec le sénat, principalement à propos des fonctions judiciaires que leur avaient conférées ces tribuns, que leur avait retirées Sylla et qu'ils ambitionnaient toujours. Une réconciliation avait eu lieu entre eux en 65 , par l'édit du préteur L. Aurel. Cotta, qui partagea la judicature entre les trois ordres, mais en 61 les querelles recommencèrent.

— Cicéron et Catilina étaient tous deux de ce très-honorable et excellent ordre.

3. *Hæc.* Rome, ses monuments, ses maisons, etc., etc.

4. *Duint.* Pour *dent.* Vieille forme, mais en quelque sorte sacramentelle et immuable comme les prières dans lesquelles elle se trouvait intercalée.

5. *Invidiæ.* Haine dans le sens passif, haine qu'on subit, et non haine que l'on porte à d'autres.

6. *Est tanti.* Génitif qui marque le prix Le bonheur, la gloire d'avoir sauvé la république est d'un prix aussi grand que l'odieux dont j'ai l'expectative, compense bien l'odieux que je dois subir; en d'autres termes, la gloire de. .. vaut bien cela; je suis bien payé, bien récompensé par la gloire de.....

sit calamitas, et a reipublicæ periculis sejungatur.
Sed tu ut vitiis tuis commoveare, ut.legum pœnas
pertimescas, ut temporibus[1] reipublicæ cóncedas, non
est postulandum : neque enim is es, Catilina., ut te
aut pudor a turpitudine, aut metus a periculo, aut
ratio a furore revocarit.

25. Quamobrem, ut sæpe jam dixi, proficiscere ;
ac, si mihi inimico, ut prædicas, tuo conflare vis invidiam, rectà perge in exsilium : vix feram[2] sermones
hominum, si id feceris ; vix molem istius invidiæ,
si in exsilium ieris jussu consulis, sustinebo. Sin au-
tam servire meæ laudi et gloriæ mavis, egredere cum
importunâ sceleratorum manu ; confer te ad Mallium ; concita perditos cives ; secerne te a bonis ;
infer patriæ bellum ; exsulta impio latrocinio, ut a me,
non ejectus ad alienos, sed invitatus ad tuos isse
videaris.

26. Quanquam quid ego te invitem, a quo jam
sciam esse præmissos, qui tibi ad Forum Aurelíum[3]
præstolarentur armati ? sciam pactam et constitutam
esse cum Mallio diem ? a quo etiam aquilam illam argenteam[4], quam tibi, ac tuis omnibus perniciosam
esse confido et funestam futuram, cui domi tuæ sacrarium[5] scelerum tuorum constitutum fuit, sciam esse
præmissam ? Tu ut illâ diutius carere possis, quàm

1. *Temporibus*. Le moment, les circonstances.

2. *Vix feram*, etc. L'orateur croyait
sans doute exagérer ses danger. Cependant en 59, une réaction anti-nobiliaire
le fit effectivement exiler à son tour.
Il est vrai que le prétexte de ce bannissement fut non pas l'exil de Catilina,
mais l'exécution extra-légale de ses complices.

3. *Forum Aurelium*. Bourg sur la
route de Rome, en Etrurie. Beaucoup
de bourgs et de villes avaient le nom de
Forum suivi d'un autre mot qui le dé-
terminait.

4. *Aquilam istam argenteam*. Suivant Salluste, *G. de C.*, n. 59, elle avait
appartenu à Marius dans la guerre des
Cimbres. C'est une nouvelle preuve que
le complot de Catilina n'était point au
fond le complot d'un parti politique,
mais une tentative de vol sur les caisses
et les domaines de l'état, tentative qui
prenait essentiellement une couleur politique et qui n'avait chance de s'ac-
complir qu'en revêtant cette couleur.

5. *Sacrarium*. Les aigles étaient re-
gardées par les soldats comme des divi-
nités tutélaires. On jurait par elle ; elles
avaient dans le camp une place ré-
servée, qui était une véritable chapelle,
naïdion, *sacellum*, et qu'environnaient
les autres enseignes. Ce naïdion jouissait
du droit d'asile ; on y déposait la masse
des légions, on y attachait les prison-
niers. Plus tard les aigles furent parfu-
mées et ornées de fleurs, au moins à cer-
taines époques. Voy. Pline le N. 13-3.

venerari ad cædem proficiscens solebas? a cujus altaribus sæpe istam dexteram impiam ad necem civium transtulisti?

X. Quel bonheur pour lui au camp de Mallius! il n'y verra que des pareils; il y déploiera cette énergie vantée.

27. Ibis tandem aliquando, quò te jampridem tua ista cupiditas effrenata ac furiosa rapiebat; neque enim tibi hæc res affert dolorem, sed quamdam incredibilem voluptatem. Ad hanc te amentiam natura peperit, voluntas exercuit, fortuna servavit. Nunquam tu non modò otium, sed ne bellum quidem, nisi nefarium concupîsti. Nactus es ex perditis, atque ab omni non modò fortunâ, verùm etiam spe derelictis, conflatam improborum manum.

28. Hîc tu quâ lætitiâ perfruere? quibus gaudiis exsultabis? quantâ in voluptate bacchabere, quum in tanto numero tuorum neque audies virum bonum quemquam, neque videbis? Ad hujus vitæ studium meditati illi sunt, qui feruntur[1], labores tui : jacere humi, non modò ad obsidendum stuprum[2], verùm etiam ad facinus[3] obeundum : vigilare, non solùm insidiantem somno maritorum, verùm etiam bonis otiosorum. Habes ubi ostentes illam præclaram tuam patientiam famis, frigoris, inopiæ rerum omnium; quibus te brevi tempore confectum esse senties. Tantùm profeci tum, quum te a consulatu repuli, ut exsul potius tentare, quàm consul vexare rempublicam posses; atque ut id quod esset a te scelerate susceptum, latrocinium[4] potius, quàm bellum nominaretur.

1. *Qui feruntur.* Que l'on vante. Comp. Salluste, *G. de C.*, n. 5. Catilina possédait en effet ces qualités qu'on lui attribue, et que plus tard (catilinaire 2e), Cicéron lui reconnaîtra ainsi que d'autres bien supérieures encore.

2. *Ad obsidendum stuprum.* Plus vif qu'*ad obsidendum occasionem stupri.*

3. *Facinus.* Exploit dans les genres vol ou assassinat. Plus bas *bonis occisorum* développe cette idée avec lointaine allusion au rôle hideux d'égorgeur et de spoliateur rempli sous Sylla par Catilina.

4. *Latrocinium.* Plus bas en effet on verra de quels ignobles et misérables éléments se composait la bande de Catilina, et on comprendra qu'en effet la guerre comme devait la faire ce ramas d'hommes sans consistance n'était qu'un vrai brigandage. Du reste toute guerre de guérillas présente déjà ce caractère.

XI. Mais Rome en pleurs et dans l'effroi se plaint de cette conduite du consul. Elle fait le procès à sa pusillanimité, à sa politique méticuleuse (deuxième prosopopée). Elle lui reproche de craindre les fausses préventions de son siècle et de la postérité.

29. Nunc, ut a me, Patres Conscripti, quamdam prope justam patriæ querimoniam detester ac deprecer, percipite, quæso, diligenter, quæ dicam, et ea penitus animis vestris mentibusque mandate. Etenim, si mecum patria, quæ mihi vitâ meâ multò est carior, si cuncta Italia, si omnis respublica loquatur : « M. Tulli, quid agis? tune eum, quem esse hostem comperisti, quem ducem belli futurum vides, quem exspectari imperatorem in castris hostium sentis, auctorem sceleris, principem conjurationis, evocatorem servorum [1], et civium perditorum, exire patieris, ut abs te non emissus ex urbe, sed immissus in urbem esse videatur ? Nonne hunc in vincula duci, non ad mortem rapi, non summo supplicio mactari imperabis ?

30. «Quid tandem impedit te? Mosne majorum [2]? at persæpe etiam privati in hac republicâ perniciosos cives morte mulctarunt. An leges, quæ de civium romanorum supplicio rogatæ sunt [3]? at nunquam in hac urbe ii, qui a republicâ defecerunt, civium jura tenuerunt. An invidiam posteritatis times ? præclaram verò populo romano refers gratiam, qui te, hominem per te cognitum [4], nullâ commendatione majorum, tam maturè ad summum imperium per omnes honorum gradus [5] extulit, si propter invidiam, aut alicujus periculi metum, salutem civium tuorum negligis ! Sed, si quis est invidiæ metus, num est vehementiùs

1. *Evocatorem servorum.* C'était fort dangereux à une époque ou deux fois la Sicile avait été mise en feu par les révoltes d'esclaves (135-132 ; 104-99) et où la guerre de Spartacus venait de faire trembler l'Italie (73, etc.).

2. *Mosne majorum.* Au contraire l'usage primitif était tout en faveur de ce que voulait Cicéron. C'est la lettre des lois (Sempronia, Porcia, Valeria) qui s'y opposait.

3. *An leges.... rogatæ sunt.* Voy. note 81.

4. *Hominem per te cognitum.* Ou plus brièvement *hominem novum.*

5. *Per omnes gradus....* Il avait été questeur en 75, édile en 69, préteur en 65.

severitatis ac fortitudinis invidia , quàm inertiæ ac nequitiæ pertimescenda ? An , quum bello vastabitur Italia , vexabuntur urbes , tecta ardebunt ; tum te non existimas invidiæ incendio conflagraturum ? »

XII. Réponse: « O patrie! ce n'est pas pour moi que je crains. Il te faut non-seulement la destruction de Catilina, mais celle de tous ses principaux complices! Pour les reconnaître, il faut cette ombre de guerre civile qui est moins une guerrre civile qu'une expédition de grand chemin. »

31. His ego sanctissimis reipublicæ vocibus, et eorum hominum, qui idem sentiunt, mentibus, pauca respondebo. Ego, si hoc optimum factu judicarem , Patres Conscripti , Catilinam morte mulctari , unius usuram horæ gladiatori isti [1] ad vivendum non dedissem. Etenim , si summi viri et clarissimi cives , Saturnini et Gracchorum et Flacci, et superiorum complurium sanguine non modò se non contaminarunt , sed etiam honestarunt; certè verendum mihi non erat, ne quid [2], hoc parricidâ civium [3] interfecto , invidiæ mihi in posteritatem redundaret. Quòd si ea mihi maximè impenderet, — tamen hoc animo semper fui, ut invidiam virtute partam , gloriam, non invidiam putarem.

32. Quanquam nonnulli sunt in hoc Ordine, qui aut ea , quæ imminent, non videant ; aut ea , quæ vident, dissimulent : qui spem Catilinæ mollibus sententiis aluerunt , conjurationemque nascentem non credendo corroboraverunt [4]; quorum auctoritatem secuti multi , non solùm improbi , verum etiam imperiti, si in hunc animadvertissem, crudeliter, et regiè [5] factum esse dicerent. Nunc intelligo, si iste , quò

---

1. *Gladiatori isti.* Catilina : métaphore tirée de ce qui se passait dans les combats de gladiateurs auxquels parfois on accordait congé ou répit *missio*).

2. *Ne quid.* Pour *aliquid*; et rejoindre ce mot à *invidiæ*, toujours dans le sens d'odieux.

3. *Parricidâ civium.* Catachrèse : comme ferré d'argent. Au reste le terme de parricide sans déterminatif qui lui

suive est fort usité pour *assassin de la patrie.*

4. *Aluerunt... nascentem... corroboraverunt.* Métaphore partout suivie et dont il faut rendre le pittoresque.

5. *Regiè.* C'était le mot odieux pour les Romains, et à l'aide de cet épouvantail on leur faisait commettre sans peine beaucoup de folies. Chez nous *en autocrate.*

intendit, in Malliana castra pervenerit, neminem tam
stultum fore , qui non videat conjurationem esse factam; neminem tam improbum, qui non fateatur. Hoc
autem uno interfecto , intelligo hanc reipublicæ pestem paulisper reprimi, non in perpetuum comprimi[1]
posse. Quòd si se ejecerit , secumque suos eduxerit ,
et còdem cæteros undique collectos naufragos adgre-
gaverit ; exstinguetur , atque delebitur non modè hæc
tam adulta reipublicæ pestis , verùm etiam stirps ac
semen[2] malorum omnium.

XIII. Le supplice de Catilina ne serait qu'un palliatif. Qu'il parte, au contraire, et la république, un instant agitée, sera guérie : un mur isolera les
attaquants et les attaqués ; l'énergie des gens de bien sera doublée ; Jupiter
achevera de foudroyer les malfaiteurs.

33. Etenim jamdiu , Patres Conscripti, in his periculis conjurationis insidiisque versamur : sed, nescio
quo pacto , omnium scelerum ac veteris furoris[3] et
audaciæ maturitas in nostri consulatûs tempus erupit.
Quòd si ex tanto latrocinio iste unus tolletur , vide-
bimur fortasse ad breve quoddam tempus curâ et metu
esse relevati ; periculum autem residebit , et erit inclusum penitus in venis atque in visceribus reipublicæ. Ut sæpe homines ægri morbo gravi , quum
æstu febrique jactantur, si aquam gelidam biberint,
primò relevari videntur, deinde multò gravius vehe-
mentiùsque adfliclantur : sic hic morbus , qui est in
republicâ , relevatus istius pœnâ , vehementiùs vivis
reliquis ingravescet.

34. PÉRORAISON. Quare, Patres Conscripti, sece-
dant improbi, secernant se a bonis ; unum in locum
congregentur ; muro denique, id quod sæpe jam dixi,
secernantur a nobis ; desinant insidiari domi suæ con-

1. *Reprimi... comprimi.* Le premier
mot implique légère pression et refou-
lement de la chose sur elle-même ; le
second, pression complète en tous les
sens, et d'où résultent rupture, destruction, impuissance de se relever par une
force d'élasticité.

2. *Naufragos..... adulta pestis.....
stirps.... ac semen.* Trois métaphores
ou images différentes. Ce n'est point du
mauvais goût : c'est de la rapidité, de la
richesse.

3. *Veteris furoris.* On sait la première
conjuration de Catilina. Voy. n. 48.

suli, circumstare tribunal prætoris urbani [1], obsidere
cum gladiis curiam, malleolos [2] et faces ad inflammandam urbem comparare. Sit denique inscriptum in
fronte uniuscujusque civis, quid de republicâ sentiat.
Polliceor hoc vobis, Patres Conscripti, tantam in nobis consulibus fore diligentiam, tantam in vobis auctoritatem, tantam in Equitibus romanis virtutem,
tantam in omnibus bonis consensionem, ut Catilinæ
profectione omnia patefacta, illustrata, oppressa,
vindicata esse videatis. Hisce ominibus, Catilina, cum
summâ reipublicæ salute, et cum tuâ peste ac pernicie, cumque eorum exitio, qui se tecum omni scelere parricidioque junxerunt, proficiscere ad impium
bellum ac nefarium!

25. Tum tu, Jupiter, — qui iisdem quibus hæc urbs
auspiciis a Romulo es constitutus, quem Statorem hujus urbis atque imperii verè nominamus, — hunc, et
hujus socios a tuis aris cæterisque templis, a tectis
urbis ac mœnibus, a vitâ fortunisque civium omnium
arcebis; et omnes inimicos bonorum, hostes patriæ,
latrones Italiæ, scelerum fœdere inter se ac nefariâ
societate conjunctos, æternis suppliciis vivos mortuosque mactabis [3].

1. *Prætoris urbani.* C'était L. Valérius Flaccus. On entourait son tribunal, sans doute parce que Cicéron, pour intimider et affaiblir autant que possible les conjurés, veillait à ce qu'ils fussent traduits en justice et traités suivant la rigueur de la loi à mesure qu'ils se rendaient coupables de quelque méfait isolé ou qu'ils ne se mettaient pas en règle pour les échéances de leurs dettes.

2. *Mallcolos.* Petits fascicules de jonc souffré qu'on lançait, dans les siéges, sur les murailles ou les machines de l'ennemi.

3. *Æternis... mactabis.* Cette profession de foi, ici du moins fort inutile, indique bien la haine inextinguible de l'orateur pour Catilina.

M. T. CICÉRON.

DEUXIÈME DISCOURS
CONTRE L. CATILINA,

PRONONCÉ
LE 9 NOV. 63 AV. J. C. DEVANT LE PEUPLE,
AU FORUM.

OCCASION DU DISCOURS.

Catilina est parti, la nuit, du 8 au 9, avec trois cents hommes, il a laissé des complices puissants, nombreux. — On affecte de croire qu'il est banni, banni sans jugement, et qu'il se rend à Marseille. — On le plaint, on nie l'existence d'un complot. — Cicéron, pour rétablir les faits, convoque le peuple.

I. Catilina est parti, voilà le fait ! Comment parti ? On le verra ; mais pour l'instant il est un point certain : Catilina n'est plus dans Rome ; Rome peut respirer. (Cet exorde est un véritable chant de triomphe.)

1. Tandem aliquando, Quirites, L. Catilinam, furentem audaciâ, scelus anhelántem[1], pestem patriæ nefariè molientem, vobis atque huic urbi ferrum flammamque minitantem, ex urbe vel ejecimus, vel emisimus, vel ipsum egredientem verbis prosecuti sumus[2]. Abiit, excessit, evasit, erupit[3]. Nulla jam pernicies a monstro illo atque prodigio[4] mœnibus ipsis

1. *Scelus anhelántem.* Respirer le crime présente en français la même image, mais moins vive, parce que l'expression est depuis longtemps usuelle. Le *suer le crime* de Beaumarchais n'est pas plus hardi, mais est plus extraordinaire et moins juste, vu que la sueur n'est qu'une excrétion, tandis que dans la respiration il existe un mouvement de va et vient tout différent.

2. *Vel ejecimus.... sumus.* c.-à-d. : il est un fait, Catilina n'est plus à Rome ; comment ce fait a-t-il eu lieu ? comme vous le voudrez, messieurs. Aucuns diront, c'est un bannissement ; aucuns, c'est un exeat qu'a bien voulu donner le consul ; aucuns enfin, c'est tout simplement

un départ poliment accompagné de paroles par le consul.

3. *Abiit.. erupit.* Bien méditer les quatre expressions. La 1re exprime le simple fait, départ, *abiit*; les trois autres impliquent des idées collatérales : 1° il y a eu bataille, Catilina a perdu le terrain, il est délogé, *excessit*; 2° Rome était pour lui comme une prison, il fuit, *evasit*; 3° le complot n'était qu'en germe, on le couvait, il rompt sa coquille, *erupit*.

4. *Monstro ... prodigio.* Se bien rendre compte de ce que les Latins appelaient de ces noms, et le rapprocher de la monstruosité telle que l'entendent les savants actuels.

III. Ce n'est pas l'armée rebelle qu'il faut redouter, c'est la horde qui n'a pas rejoint, la horde urbaine laissée dans Rome pour mettre le feu à Rome; Mais que les fashionables membres de ce conseil de meurtre et d'incendie ne comptent pas trop sur la longanimité du consul.

5. Itaque ego illum exercitum[1], præ gallicanis legionibus, et hoc delectu, quem in agro Piceno[2] et Gallico[3] Q. Metellus habuit, et his copiis, quæ a nobis quotidie comparantur, magnopere contemno; collectum ex senibus desperatis, ex agresti luxuriâ, ex rusticis mendiculis, ex decoctoribus[4], ex iis, qui vadimonia deserere, quàm illum exercitum, maluerunt : quibus ego non modò si aciem exercitûs nostri, verùm etiam si edictum prætoris[5] ostendero, concident. Hos, quos video volitare in foro, quos stare ad curiam, quos etiam in senatum venire[6]; qui nitent unguentis, qui fulgent purpurâ[7], mallem secum suos milites eduxisset : qui si hîc permanent, mementote non tam exercitum illum esse nobis, quàm hos, qui exercitum deseruerunt, pertimescendos.

6. Atque hoc etiam sunt timendi magis, quòd, quid cogitent, me scire sentiunt : neque tamen permoventur. Video, cui Apulia sit attributa, qui habeat Etruriam, qui agrum Picenum, qui Gallicum[8], qui sibi has nocturnas insidias cædis atque incendiorum depo-

1. *Illum exercitum.* L'armée de Mallius ou de Catilina : *illum* désigne qu'elle est loin, relativement aux complices restés dans Rome et que tout à l'heure l'orateur désignera par *hos.*

2. *Agro Piceno.* A peu près la légation d'Ancone.

3. *Et Gallico.* Il s'agit de toute la Gaule Cisalpine, laquelle répond au bassin du Pô, et en conséquence ne comprend ni la Ligurie, ni les états de Venise en terre ferme.

4. *Ex senibus... decoctoribus.* Voy. plus bas note sur n. 9.

5. *Edictum prætoris.* Les édits des préteurs étaient des espèces de lois que chaque préteur publiait en entrant en charge et d'après lesquelles il jugeait, dans tous les cas qui s'offraient à lui dans la durée de sa magistrature. La plupart du temps les édits subséquents renouvelaient l'édit précédent en y ajoutant de nouvelles dispositions, quelquefois en modifiant les anciennes. Aussi dit-on l'édit du préteur bien plus souvent que les édits des préteurs, comme si tous les édits n'en formaient qu'un seul. Dès le temps de Cicéron, l'édit du préteur formait une des principales source du droit romain, et la loi des douze tables tombait en désuétude.

6. *Quos video..... venire.* Par exemple les Varguntéius, les Lentulus, etc. etc.

7. *Qui ... purpurâ.* Voyez plus bas, n. 8, la première classe des Catilinariens.

8. *Video.... Gallicum.* Voy. 1re Cat., note 34.

poscerit[1]. Omnia superioris noctis[2] consilia ad me per-
lata esse sentiunt ; patefeci in senatu hesterno die :
Catilina ipse pertimuit, profugit : hi quid exspectant ?
Næ illi vehementer errant, si illam meam pristinam
lenitatem perpetuam sperant futuram.

IV. Il voulait atteindre ce but, ce but est atteint : Catilina est notoirement
un rebelle, un ennemi de la patrie. Qui doutera des sentiments, des projets
de ses pareils ? Tableau du hideux entourage de Catilina depuis sa jeunesse.

7. Quod exspectavi, jam sum assecutus, ut vos
omnes factam esse apertè conjurationem contra rempublicam videretis : nisi verò si quis est, qui Catilinæ similes cum Catilinâ sentire non putet[3]. Non est
jam lenitati locus ; severitatem res ipsa flagitat. Unum
etiam nunc concedam : exeant, proficiscantur, ne
patiantur desiderio suî Catilinam miserum tabescere.
Demonstrabo iter : Aureliâ viâ[4] profectus est. Si acce-
lerare volent, ad vesperam consequentur.

8. O fortunatam rempublicam, si quidem hanc sen-
tinam hujus urbis ejecerit ! Uno mehercule Catilinâ
exhausto[5], relevata mihi et recreata respublica videtur. Quid enim mali aut sceleris fingi aut excogi-
tari potest, quod non ille conceperit ? Quis totâ Italiâ veneficus, quis gladiator[6], quis latro, quis sicarius,
quis parricida[7], quis testamentorum subjector[8], quis
circumscriptor[9], quis ganeo, quis nepos[10], quis adul-
ter, quæ mulier infamis[11], quis corruptor juventutis,

1. *Quo sibi... depoposcerit.* Voy.
3e Cat, n. 6.

2. *Superioris noctis:* La nuit qui a
précédé avant-hier, la nuit du 6 au 7.
On est au 9.

3. *Qui Catilinæ., . non putet.* Con-
tradictoirement à l'aphorisme *Dis-moi
qui tu hantes, je te dirai qui tu es*

4. *Aureliâ viâ.* Elle conduisait en
Étrurie. Forum Aurelium était sur cette
route.

5. *Exhausto.* Suite de la métaphore :
les conjurés en masse ont été comparés
à une sentine qu'il s'agit de nettoyer,
chacun d'eux est une immondice, et
lorsqu'il part c'est une immondice

d'enlevé par le jeu de la pompe admi-
nistrative qui le chasse.

6. *Gladiator.* Voy. plus bas, n. 12,
commencement de la péroraison.

7. *Parricida.* Voy. plus bas, *alius
mortem parentum.* etc., etc.

8. *Subjector.* Qui substitue au testa-
ment véritable un acte qu'il a lui-même
fabriqué.

9. *Circumscriptor.* De *circumscribere,*
duper, mystifier, cerner en quelque sorte
par ses ruses.

10. *Nepos.* Dilapidateur. Voy. n. 9
et 10.

11. *Mulier infamis.* Comp. Salluste,
n. 24 et 25.

quis corruptus, quis perditus inveniri potest, qui se cum Catilinâ non familiarissimè vixisse fateatur? Quæ cædes per hosce annos sine illo facta est? quod nefarium stuprum non per illum[1]!

9. Jam verò quæ tanta in ullo unquam homine juventutis illecebra fuit, quanta in illo? qui alios ipse amabat turpissimè, aliorum amori flagitiosissimè serviebat : aliis fructum libidinis[2], aliis mortem parentum, non modò impellendo. verùm etiam adjuvando, pollicebatur. Nunc verò quàm subitò non solùm ex urbe, verùm etiam ex agris[3] ingentem numerum perditorum hominum collegerat? Nemo, non modò Romæ, sed nec ullo in angulo totius Italiæ oppressus ære alieno[4] fuit, quem non ad hoc incredibile sceleris fœdus adsciverit.

10. Atque, ut ejus diversa studia in dissimili ratione perspicere possitis, nemo est in ludo gladiatorio paulo ad facinus audacior, qui se non intimum Catilinæ esse fateatur : nemo in scenâ levior et nequior, qui se non ejusdem prope sodalem fuisse commemoret. Atque idem tamen stuprorum et scelerum exercitatione assuefactus, frigore et fame et siti ac vigiliis perferendis fortis ab istis suis sociis prædicabatur, quum industriæ subsidia, atque instrumenta virtutis in libidine audaciâque consumeret.

11. Hunc verò si sui fuerint comites secuti, si ex urbe exierint desperatorum[5] hominum flagitiosi greges, ô nos beatos! ô rempublicam fortunatam! ô

---

1. *Quod nefarium stuprum non per illum?* Comp. Salluste, n° 15.

2. *Fructum libidinis.* Suivant les uns, jouissance de l'objet de sa passion; selon les autres salaire.

3. *Ex agris.* Voy. plus haut, n. 3, ex agresti luxuriâ, etc.

4. *Sed nec ullo... alieno.* Salluste, n. 16. *Æs alienum per omnis terras ingens erat.*

5. *Desperatorum.* Dont on n'espère plus la guérison.

præclaram laudem consulatûs mei ! Non enim jam sunt
mediocres hominum libidines , non humanæ audaciæ
ac tolerandæ[1] : nihil cogitant , nisi cædes , nisi incendia, nisi rapinas : patrimonia sua profuderunt :
fortunas suas obligürierunt : res eos jampridem , fides[2]
deficere nuper cœpit : eadem tamen illa , quæ erat in
abundantiâ, libido permanet. Quod si in vino et aleâ
comessationes solùm et scorta quærerent , essent illi
quidem desperandi, sed tamen essent ferendi. Hoc verò
quis ferre possit, inertes homines fortissimis viris insidiari, stultissimos prudentissimis, ebrios sobriis , dor-
mientes vigilantibus? qui mihi[3] accubantes in conviviis,
complexi mulieres impudicas , vino languidi , conferti
dimiti , unguentis obliti , debilitati stupris , eructant
sermonibus suis[4] cædem bonorum , atque urbis incendia.

12. Quibus ego confido impendere fatum aliquod ,
et pœnas jamdiu improbitati , nequitiæ , sceleri , li-
bidini debitas , aut instare jam planè , aut certè jam
appropinquare. Quos si meus consulatus, quoniam sanare non potest, sustulerit[5] ; non breve nescio quod
tempus ; sed multa sæcula , propagarit reipublicæ.
Nulla est enim natio , quam pertimescamus ; nullus
rex qui bellum populo romano inferre possit[6]. Omnia
sunt externa , unius[7] virtute , terrà marique pacata :
domesticum bellum manet ; intus insidiæ sunt , intus
inclusum periculum est , intus est hostis. Cum luxuriâ nobis , cum amentiâ , cum scelere certandum est:
Huic ego me bello ducem profiteor , Quirites : susci-
pio inimicitias hominum perditorum. Quæ sanari poterunt , quâcumque ratione sanabo ; quæ resecanda
erunt , non patiar ad perniciem civitatis manere. Pro-

1. *Non... tolerandæ*. Génitifs singu-
liers.

2. *Res... fides*. Biens,.... crédit.

3. *Mihi*. Explétif, voy. plus haut.

4. *Eructant.... suis*. Comme *eruc-
tantes loquuntur*. Très énergique.

5. *Sustulerit*. Faire disparaître, en-
lever, balayer de ce monde, amputer.

6 *Nulla est... possit*. C'était l'exacte
vérité. Quiconque eût osé s'attaquer à
Rome était bien sûr d'entendre dans
peu le *væ victis* mais personne ne l'o-
sait, et Rome n'avait plus d'ennemis
extérieurs que ceux qu'elle allait cher-
cher.

7. *Unius*. Pompée.

inde aut exeant , aut quiescant ; aut , si et in urbe ,
et in eâdem mente permanent , ea , quæ merentur ,
exspectent.

VI. Est-il vrai que Cicéron ait banni Catilina ? Réfutation de ce propos ca-
lomnieux et récit de ce qui s'est passé la veille au sénat avant le départ
de ce chef des conjurés. .

13. At etiam sunt , Quirites , **qui dicant , a me**
ejectum in exsilium esse Catilinam. Quod ego si verbo
assequi possem [1], istos ipsos ejicerem, qui hæc loquuntur. Homo enim videlicet timidus et permolestus vocem consulis ferre non potuit : simul atque ire in exsilium jussus est, paruit, quievit [2]. Hesterno die, quum
domi meæ penè interfectus essem, senatum in ædem
Jovis Statoris convocavi : rem omnem ad Patres Con-
scriptos detuli. Quò quum Catilina venisset, quis eum
senator appellavit ? quis salutavit ? quis denique ita
adspexit , ut perditum civem , ac non potiùs ut im-
portunissimum hostem ? Quin etiam principes ejus ordinis partem illam subselliorum , ad quam ille acces-
serat , nudam atque inanem reliquerunt.

14. Hìc ego vehemens ille consul , qui verbo cives
in exsilium ejicio [3], quæsivi a Catilinâ , an nocturno
conventu apud M. Leccam fuisset , necne. Quum ille
homo audacissimus , conscientiâ convictus primò re-
ticuisset , patefeci cætera [4] : quid eâ nocte egisset , ubi
fuisset , quid in proximam constituisset , quemad-ou
dum esset ei ratio totius belli descripta , edocui :
quum hæsitaret , quum teneretur , quæsivi , quid
dubitaret eò proficisci , quò jampridem pararat ;
quum arma , quum secures , quum fasces , quum tu-
bas , quum signa militaria , quum aquilam illam argenteam , cui ille etiam sacrarium scelerum domi suæ
fecerat , scirem esse præmissam. In exsilium ejicie-

---

1. *Quod ego si... possem. Assequi*
atteindre. *Quod* ce but, ce résultat.

2. *Homo enim.... quievit.* Ironie.

3. *Vehemens.... ejicio.* Encore ironie,
(*Vehemens*, et emporté, ont des étymo-
logies analogues, car *vehemens* est un

vieux participe de *vehor*, — *vehomenos,
vehemenos, vehemens*).

4 *Patefeci cetera.* Tout ce qui suit
jusqu'au bout de l'alinéa est une rapide
analyse du discours prononcé la veille
au sénat.

bam , quem jam ingressum in bellum esse videbam ?
Etenim , credo[1], Mallius iste centurio , qui in agro
Fesulano castra posuit , bellum populo romano suo
nomine[2] indixit ; et illa castra nunc non Catilinam
ducem exspectant ; et ille, ejectus in exsilium , se
Massiliam[3], ut aiunt, non in hæc castra conferet.

VII. Triste lot que de sauver la patrie! si tout de bon Catilina s'exilait, la
    vérité passerait pour calomnie, Cicéron pour un tyran, le complot pour une
    fable; — mais (malheureusement pour Rome) tel ne sera pas le sort de Ci-
    céron : on verra trop qu'il a dit vrai. Vous qu'indigne l'exil de Catilina,
    souhaitez cet exil!

15. O conditionem miseram, non modo adminis-
trandæ, verùm etiam conservandæ reipublicæ ! Nunc,
si L. Catilina , consiliis , laboribus , periculis meis
circumclusus ac debilitatus, subitò pertimuerit , sententiam mutaverit, deseruerit suos, consilium belli
faciendi abjecerit, ex hoc cursu sceleris et belli, iter
ad fugam[4] atque in exsilium convertérit : non ille a
me spoliatus armis audaciæ, non obstupefactus ac perterritus meâ diligentiâ, non de spe conatuque depul-
sus , sed indemnatus , innocens , in exsilium ejectus
a consule, vi et minis esse dicetur ; et erunt , qui
illum , si hoc fecerit, non improbum , sed miserum ,
me non diligentissimum consulem , sed crudelissimum tyrannum existimari velint.

16. Est mihi tanti[5], Quirites , hujus invidiæ falsæ
et iniquæ tempestatem subire , dummodo a vobis hujus horribilis belli ac nefarii periculum depellatur.
Dicatur sanè ejectus esse a me , dummodò eat in exsilium : sed mihi credite, non est iturus. Nunquam ego

1. *Etenim credo*, *etc.* Nouvelle ironie
décomposable en trois phrases ou trois
propositions elles - mêmes ironiques ,
c'est a d. fausses si on les prend au pied
de la lettre , vraies dès qu'on en prend
le contre-pied.

2. *Mallius... suo nomine etc.* On
comprend à quel point il serait absurde
d'admettre qu'un simple centurion ait
pu déclarer sérieusement la guerre au
peuple romain.

3. *Massiliam.* C'était l'exil à la mode.
Beau ciel, beaux sites, et beaux poissons.
Milon banni s'y retira, et l'on sait ce
qu'il écrivait à Cicéron en le félicitant
d'avoir perdu sa cause.

4. *Fugam* Presque synonyme d'*exsilium*, émigration.

5. *Est mihi tanti.* Voy. 1e catilinaire
la même expression.

a Diis immortalibus optabo , Quirites , invidiæ meæ
levandæ causâ, ut L. Catilinam ducere exercitum hostium , atque in armis volitare[1] audiatis ; sed triduo
tamen audietis : multòque magis illud timeo , ne mihi
sit invidiosum aliquando , quòd illum emiserim potiùs , quàm quòd ejecerim. Sed quum sint homines,
qui illum, quum profectus sit , ejectum esse dicant,
iidem , si interfectus esset, quid dicerent ?

17. Quanquam isti , qui Catilinam Massiliam ire
dictitant , non tam hoc queruntur, quàm verentur[2].
Nemo est istorum tam misericors, qui illum non ad
Mallium , quàm ad Massilienses ire malit. Ille autem ,
si mehercule hoc, quod agit, nunquam antea cogitas-
set , tamen latrocinantem se interfici mallet , quàm
exsulem vivere. Nunc verò , quum ei nihil adhuc
præter ipsius voluntatem cogitationemque acciderit,
nisi quòd , vivis nobis , Româ profectus est , optemus
potiùs , ut eat in exsilium , quàm queramur.

VIII. Classification des ennemis de la république, en d'autres termes des amis
de Catilina, et remède à la position de chacun. Première classe : les débiteurs opulents (remède : l'expropriation forcée partielle).

18. Sed cur tamdiu de uno hoste loquimur, et de
eo hoste, qui jam fatetur se esse hostem , et quem ,
quia , quod semper volui, murus interest , non timeo ? de his, qui dissimulant, qui Romæ remanent,
qui nobiscum sunt, nihil dicimus ? Quos quidem ego,
si ullo modo fieri posset , non tam ulcisci studeo , quàm
sanare, et ipsos placare[3] reipublicæ ; neque, id quare
fieri non possit , si me audire voluerint , intelligo.
Exponam enim vobis , Quirites , ex quibus generibus
hominum istæ copiæ comparentur[4] : deinde singulis

1 *Volitare.* Très-expressif et juste
Comme plus haut (n. 3) *volitare in
foro.*

2. *Non tam .. verentur.* Ils affectent
de le plaindre : ce n'est pas de la pitié
qu'ils éprouvent, c'est de la crainte; cette
retraite à Marseille les désolerait.

3. *Placare.* Remettre en paix avec....
(*placidos facere*).

4. *Exponam.... generibus... comparentur.* Cette classification est très-pi-
quante et fort instructive pour l'étude
des mœurs de Rome à cette époque. Il
faut la comparer avec les numéros 14 ,

medicinam consilii atque orationis meæ, si quam potero, afferam.

19 Primum genus est eorum, qui magno in ære alieno, majores etiam possessiones habent; quarum amore adducti, dissolvi nullo modo possunt. Horum hominum species est honestissima (sunt enim locupletes); voluntas verò et causa, impudentissima. Tu agris, tu ædificiis, tu argento, tu familiâ, tu rebus omnibus ornatus et copiosus sis; et dubites aliquid de possessione detrahere, ac fidem acquirere [1]? Quid enim exspectas? bellum? Quid? ergo in vastatione omnium, tuas possessiones sacrosanctas [2] futuras putas? An tabulas novas [3]? errant, qui istas a Catilinâ exspectant. Meo beneficio tabulæ novæ proferentur, verùm auctionariæ [4]; neque enim isti, qui possessiones habent, aliâ ratione ullâ salvi esse possunt. Quod si maturiùs facere voluissent, neque (id quod stultissimum est) certare cum usuris [5] fructibus prædiorum [6], et locupletioribus his, et melioribus civibus uteremur [7]. Sed hosce homines minimè puto pertimescendos quòd aut deduci de sententiâ possunt; aut, si permanebunt, magis mihi videntur vota facturi contra rempublicam, quàm arma laturi.

16 et 21 de Salluste. Cicéron range les adhérents de Catilina en six classes :

1° Débiteurs solvables.

2° Débiteurs insolvables à Rome.

3° Débiteurs insolvables des colonies de Sylla.

4° Autres gens ruinés.

5° Scélérats de profession.

6° Catilinas au petit pied, fashionables tarés, élégants couverts de crimes, etc., etc.

1. *Detrahere de p. acq. a f.* Soustraire au bien, ajouter au crédit.

2. *Sacrosanctas.* Inviolable.

3. *Tabulas novas.* Nouvelles tàblettes, c'est-à-d. nouvelle liste, nouveau registre de dettes où les dettes seraient portées avec de notables diminutions, par exemple à moitié, à un tiers. C'est ainsi que chez nous a été constitué, après les tourmentes et les dilapidations révolutionnaires, le tiers consolidé (avec cette différence que cette fois le gouvernement se était le débiteur). C'est ainsi qu'en 87 tous les débiteurs s'étaient acquittés en payant 25 º/o. Comp. Salluste, n. 3o.

4. *Auctionariæ.* On nommait *auctio* les ventes à l'encan. Ainsi l'orateur annonce aux obérés solvables une expropriation forcée jusqu'a concurrence du chiffre de leurs dettes.

5. *Usuris.* Les intérêts, les arrérages.

6. *Fructibus prædiorum.* Les produits, les revenus, payer les intérêts avec les revenus, c'est vraiment livrer bataille aux premiers avec les seconds.

7. *His.... uteremur.* Comme s'il y avait *hos haberemus.*

IX. Deuxième et troisième classes : les débiteurs au-dessous de leurs affaires tant à Rome, qu'à la campagne, notamment aux colonies (bande de paysans annexes de la troisième classe) (remède : de bonnes réflexions sur la vanité des espérances qui les entraînent).

20. Alterum genus est eorum , qui , quanquam premuntur[1] ære alieno, dominationem tamen expetunt, rerum potiri[2] volunt', honores , quos quietâ republicâ desperant , perturbatâ consequi se posse arbitrantur. Quibus hoc præcipiendum videtur, unum scilicet et idem , quod cæteris omnibus , ut desperent, se id , quod conantur , consequi posse : primùm omnium me ipsum vigilare, adesse, providere reipublicæ; deinde magnos animos esse in bonis viris, 'magnam concordiam , maximam multitudinem , magnas præterea copias militum ; Deos denique immortales huic invicto populo, clarissimo imperio, pulcherrimæ urbi, contra tantam vim sceleris , præsentes auxilium esse laturos. Quod si jam sint id , quod cum summo furore cupiunt , adepti ; num illi in cinere urbis et sanguine civium , quæ mente conscelerata ac nefariâ concupierunt , se consules ac dictatores aut etiam reges[3] sperant futuros ? non vident id se cupere, quod si adepti fuerint, fugitivo alicui[4] aut gladiatori[5], concedi sit necesse ?

21. Tertium genus est ætate jam confectum , sed tamen exercitatione robustum. Quo ex genere est ipsd Mallius , cui nunc Catilina succedit. Hi sunt homines ex iis coloniis quas Fesulis[6] Sulla constituit[7]. Quas ego,

---

1. *Premuntur.* Remarquer l'expression : ceux-ci sont écrasés sous le poids, ils sont au-dessous de leurs affaires.

2. *Rerum potiri.* Etre maître du gouvernement Génitif consacré qu'il ne faudrait pas remplacer par l'ablatif (*rebus potiri,* c'est avoir des objets...)

3. *Reges.* Ainsi revient toujours cet épouvantail du nom de roi. Au reste Lentulus avait , dit-on, quelques espérances de ce genre (Voy 3ᵉ Cat., n. 4 et 5, et comp. Sall.); et dans la guerre des esclaves, Eunus avait pris le titre de roi.

4. *Fugitivo alicui.* Il est faux que ce mot soit une allusion à Sertorius ; Cicéron ne pense qu'aux Eunus, athénien, et Tryphon ces chefs d'esclaves insurgés de la Sicile.

5. *Gladiatori.* Allusion à Sertorius.

6. *Ferulis.* En Etrurie, au nord, au pied de l'apennin : auj. *Fiesole.*

7. *Coloniis.... constituit.* Colonies fondées aux dépens des partisans de la cause populaire vaincus et dépouillés.

universas[1], civium esse optimorum et fortissimo-
rum virorum sentio ; sed tamen hi sunt coloni, qui
se insperatis repentinisque pecuniis sumptuosius in-
solentiusque jactarunt. Hi dum ædificant, tanquam
beati ; dum præsidiis, lecticis, familiis magnis[2], conviviis apparatis delectantur, in tantum æs alienum inciderunt, ut si salvi esse velint, Sulla sit iis
ab inferis excitandus. Qui etiam nonnullos agrestes
homines, tenues atque egentes, in eamdem illam spem
rapinarum veterum impulerunt. Quos ego utrosque,
Quirites, in eodem genere prædatorum, direptorum-
que pono. Sed eos hoc moneo, desinant furere, ac
proscriptiones et dictaturas cogitare. Tantus enim illorum temporum[3] dolor inustus est civitati, ut jam ista
non modò homines, sed ne pecudes quidem mihi pas-
suræ esse videantur.

22. Quartum genus est sanè varium, et mixtum,
et turbulentum : qui jampridem premuntur ; qui nunquam emergent[4] ; qui partim inertiâ, partim malè
gerendo negotio, partim etiàm sumptibus, in vetere
ære alieno vacillant : qui vadimoniis[5], judiciis, pro-
scriptionibus bonorum defatigati, permulti et ex urbe
et ex agris se in illa castra[6] conferre dicuntur. Hosce
ego non tam milites acres, quàm inficiatores[7] lentos
esse arbitror. Qui homines primùm, si stare non pos-

1. *Universas.* Prises en général.

2. *Familiis magnis.* Troupeaux d'esclaves. Certains Romains en avaient,
dès le temps de Cicéron, jusqu'à 6000
était obligé de fournir et avait souvent
de la peine à fournir.

3. *Illorum temporum.* Des temps à
dictature et à proscription, des temps
de Sylla.

4. *Emergent.* Ce sont les *naufragos*
de la 1e Catil.

5. *Vadimoniis.* On nommait *vades*
es cautions que l'accusé pour dettes

6. *In illa castra.* Comme en un
champ d'asile contre les créanciers.
Au fait, suivant la chronique, c'est ainsi
que Rome a commencé. — *Inficiari*
revient à *non facere.*

7. *Inficiatores.* Qui dénient ce qu'ils
doivent, chicaneurs, sans cesse armés de
fins de non recevoir, de demandes en in-
compétence, d'atermoiements, etc., etc.

sunt, corruant : sed ita, ut non modò civitas, sed ne
vicini quidem proximi sentiant : nam illud non intelligo, quamobrem, si vivere honestè non possunt, perire turpiter velint ; aut cur minore dolore perituros
se cum multis, quàm si soli pereant, arbitrentur.

23. Quintum genus est parricidarum, sicariorum,
denique omnium facinorosorum ; quos ego a Catilinâ
non revoco. Nam neque divelli ab eo possunt ; et pereant sanè in latrocinio, quoniam sunt ita multi, ut
eos capere carcer non possit. Postremum autem genus est, non solùm numero, verùm etiam genere
ipso, atque vitâ : quod proprium est Catilinæ, de ejus
delectu[1], immo verò de complexu ejus, ac sinu : quos
pexo capillo nitidos[2], aut imberbes[3], aut bene barbatos[4] videtis, manicatis et talaribus tunicis[5], velis amic-
tos, non togis : quorum omnis industria vitæ, et vi-
gilandi labor[6] in antelucanis cœnis expromitur.

24. In his gregibus omnes aleatores, omnes adul-
teri, omnes impuri impudicique versantur. Hi pueri
tam lepidi[7] ac delicati, non solum amare et amari,
neque cantare et saltare, verùm etiam sicas vibrare et
spargere venena didicerunt : qui nisi exeunt, nisi pe-
reunt, etiamsi Catilina perierit, scitote hoc in republicâ seminarium[8] Catilinarum futurum. Verumtamen quid sibi isti miseri volunt ? Num suas secum
mulierculas sunt in castra ducturi ? quemadmodùm
autem illis carere poterunt, his præsertim jam noctibus[9] ? quo autem pacto illi Apenninum, atque illas

---

1. *Delectu.* Mot spécial pour la levée
des troupes, mais qui en même temps
implique choix. Ainsi chez nous le conseil de révision choisit.

2. *Nitidos.* A force d'essences.

3. *Imberbes*, les uns par jeunesse
comme ce Tongille *quem amare in præ-
textâ cœperat*, les autres à l'aide d'épi-
latoires ou parce qu'ils se rasaient.

4. *Bene barbatos.* A barbe artiste-
ment élaborée (et non, rasés) comp.
la note qui précède.

5. *Manicatis.... tunicis.* Les tuniques
pour l'ordinaire différaient de la toge
en ce qu'elles tombaient moins bas, et
lui ressemblaient en ce qu'elles étaient
sans manches Les manches, au reste,
ne commencèrent à prendre un peu de
vogue que sous l'empire.

6. *Omnis.... labor.* Allusion à la con-
stance avec laquelle Catilina supporte la
veille, le travail, etc.

7. *Lepidi.* Pleins de grâces (*lepos*).

8. *Seminarium.* (De *semen*, pepin),
pépinière.

9. *His... noctibus.* Comme s'il y avait:
quum hæ (c.-à-d. *tam longæ*) *sint noctes.*
On était au 9 nov.

pruinas ac nives perferent [1] ? nisi idcirco se faciliùs hiemem toleraturos putant, quòd nudi in conviviis saltare didicerunt. O bellum magnopere pertimescendum, quum hanc sit habiturus Catilina scortorum cohortem prætoriam [2] !

XI. *Ressources immenses de Rome : armée, milice, trésor, l'opinion publique. Quels ennemis sont en présence ?*

25. Instruite nunc, Quirites, contra has tam præclaras Catilinæ copias vestra præsidia, vestrosque exercitus ; et primùm gladiatori [3] illi confecto et saucio, consules imperatoresque vestros opponite : deinde contra illam naufragorum ejectam ac debilitatam manum, florem totius Italiæ ac robur educite. Jam vero urbes coloniarum ac municipiorum respondebunt [4] Catilinæ tumulis silvestribus. Neque verò cæteras copias, ornamenta, præsidia vestra, cum illius latronis inopiâ atque egestate conferre debeo.

26. Sed si, omissis his rebus omnibus, quibus nos suppeditamus, eget ille, senatu, equitibus romanis, populo, urbe, ærario, vectigalibus [5], cunctâ Italiâ, provinciis omnibus, exteris nationibus ; si, inquam, his rebus omissis, ipsas causas, quæ inter se confligunt, contendere velimus ; ex eo ipso, quam valde illi jaceant, intelligere possumus. Ex hac enim parte pudor pugnat, illinc petulantia ; hinc pudicitia, illinc stuprum ; hinc fides, illinc fraudatio ; hinc pietas, illinc scelus ; hinc constantia, illinc furor ; hinc honestas, illinc turpitudo ; hinc continentia, illinc libido :

1. *Quo autem..... perferent ?* On se rappelle ces beaux vers de Virgile :

> Alpinas, ah ! dura ! nives et frigora Rheni
> Me sine sola vides! Ah ! te ne frigora lædant !
> Ah ! tibi ne teneras glacies secet aspera plantas.

2. *Cohortem prætoriam.* C'était la cohorte d'élite qui formait la garde du général romain. Dans les premiers temps, le magistrat suprême à Rome avait porté le nom de préteur ; et la tente du général s'appelait toùjours *prétoire.*

3. *Gladiatori isti.* Catilina (non Mallius) comme on pourrait se l'imaginer.

4. *Respondebunt.* Seront le pendant (et non tiendront tête).

5. *AErario, vectigalibus.* L'ærarium contient des masses accumulées de longue main, des *réserces :* les vectigalia rentrent successivement.

denique æquitas, temperantia , fortitudo , prudentia,
virtutes omnes certant cum iniquitate, cum luxuriâ,
cum ignaviâ, cum temeritate, cum vitiis omnibus :
postremò copia cum egestate, bona ratio cum perditâ,
mens sana cum amentiâ , bona denique spes cum omnium rerum desperatione confligit. In hujusmodi cer-
tamine ac prælio , nonne, etiam si hominum studia
deficiant , Dii ipsi immortales cogent[1] ab his præcla-
rissimis virtutibus tot et tanta vitia superari?

XII. Mesures prises par le consul : avis donnés à toutes les villes des environs ;
Métellus dans le Picénum; impossibilité pour les conjurés de se mouvoir a
Rome sans être pris au piége et tomber en prison.

27. Quæ quum ita sint, Quirites, vos, quemadmodùm jam antea dixi, vestra tecta custodiis vigiliisque defendite : mihi, ut urbi sine vestro motu , ac
sine ullo tumultu , satis esset præsidii , consultum ac
provisum est. Coloni omnes, municipesque vestri, cer-
tiores a me facti de hac nocturnâ excursione Catilinæ,
facilè urbes suas finesque defendent : gladiatores ,
quam sibi ille maximam manum et certissimam[2] fore
putavit , quanquam meliore animo sunt quàm pars
patriciorum, potestate tamen nostrâ[3] continebuntur.
Q. Metellus[4], quem ego, prospiciens hoc , in agrum
Gallicanum Picenumque præmisi, aut opprimet hominem , aut omnes ejus motus conatusque prohibebit.
Reliquis autem de rebus constituendis , maturandis,
agendis, jam ad senatum referemus, quem vocari
videtis.

28. Nunc illos, qui in urbe remanserunt, atque
adeo qui contra urbis salutem, omniumque vestrûm, in urbe a Catilinâ relicti sunt, quanquam
sunt hostes, tamen quia nati sunt cives[5], monitos
etiam atque etiam volo. Mea lenitas adhuc si cui

---

1. *Cogent.* Rendront nécessaire
que.

2. *Quàm pars patriciorum.* C'était
l'exacte vérité. *Voy.* 1re Cat.; et comp.
Salluste , n. 17.

3 *Nostrâ.* Toujours pour *meâ.*

4. *Q. Metellus. Voy.* 1re Cat.,
et dans celle-ci, le commencement du
n. 3.

5. *Nati sunt cives.* Sont nés citoyens.

solutior visa est, hoc exspectavit, ut id, quod late-
bat, erumperet[1]. Quod reliquum est jam non possum
oblivisci meam hanc esse patriam, me horum esse
consulem; mihi aut cum his vivendum, aut pro
his esse moriendum. Nullus est portæ custos, nullus
insidiator viæ; si qui exire volunt, consulere sibi possunt. Qui vero in urbe se commoverit, cujus ego
non modo factum, sed inceptum ullum conatumve
contra patriam deprehendero, sentiet in hac urbe
esse consules vigilantes, esse egregios magistratus, esse
fortem senatum, esse arma, esse carcerem, quem vin-
dicem nefariorum ac manifestorum scelerum majores
nostri esse voluerunt.

29. Atque hæc omnia sic agentur, Quirites, ut
res maximæ minimo motu, pericula summa nullo tumultu, bellum intestinum ac domesticum, post hominum memoriam crudelissimum ac maximum, me uno
togato duce et imperatore[2], sedetur. Quod ego sic
administrabo, Quirites, ut si ullo modo fieri poterit,
ne improbus quidem quisquam in hac urbe pœnam
sui sceleris sufferat. Sed si vis manifestæ audaciæ,
si impendens patriæ periculum me necessario de hac
animi lenitate deduxerint[3], illud profecto perficiam
quod in tanto, et tam insidioso bello vix optandum
videtur, ut ne quis bonus intereat, paucorumque
pœna vos jam omnes salvi esse possitis.

30. Quæ quidem ego neque meâ prudentiâ, neque
humanis consiliis fretus polliceor vobis, Quirites,
sed multis, et non dubiis deorum immortalium

---

1. *Erumperet. Voy.* note 3.

2. *Togato.... imperatore.* La toge
était l'habillement de paix. *Togatus
dux* est donc un paradoxisme, comme
« ayez pitié de notre gloire. » —De *dux*
à *imperator* il y a progrès : c'est après
une victoire que les soldats procla-
maient leur chef, leur *dux*, *imperator*
sur le champ de bataille.

3 *Sed si.... deduxerint.* C'est ce qui
eut lieu (*Voy* Catilinaire 3e); et alors
s'accomplit la promesse du membre
de phrase qui suit (*Voyez* 4e Catilinaire).

significationibus [1] : quibus ego ducibus in hanc spem sententiamque sum ingressus; qui jam non procul, ut quondam solebant, ab externo hoste, atque longinquo, sed hìc præsentes [2] suo numine atque auxilio sua templa, atque urbis tecta defendunt. Quos vos, Quirites, precari, venerari, atque implorare debetis, ut quam urbem pulcherrimam, florentissimam potentissimamque esse voluerunt, hanc, omnibus hostium copiis terrâ marique [3] superatis, a perditissimorum civium nefario scelere defendant.

1. *Significationibus.* Voyez Plutarque et joignez-y Cicéron lui-même, 3e Cat , n. 8. — On sait combien pour nous de tels signes seraient insignifiants.

2. *Præsentes.* En personne.
3. *Terra marique.* Victoires de Pompée sur Mithridate. (66-63) et sur les pirates (67).

M. T. CICÉRON.

TROISIÈME DISCOURS

CONTRE L. CATILINA,

PRONONCÉ

LE 3 DÉCEMBRE, 63 ANS AV. J. C. AU FORUM,

DEVANT LE PEUPLE.

OCCASION DU DISCOURS.

Vingt-cinq jours se sont passés depuis le départ de Catilina; et à Rome rien ne bouge ni n'éclate : on sent qu'il se noue des trames sinistres, mais quelles sont ces trames ? comment en saisir le fil ? comment le rompre? Une grande arrestation la nuit du 2 au 3 décembre, suivie de quelques autres mandats d'amener, le matin du 3, répond à toutes ces questions. Cicéron a en main l'état-major des conjurés et des pièces authentiques. Il convoque le sénat le 8, subjugue les coupables par des preuves accablantes, obtient de quelques-uns d'eux des aveux, et voit enfin le sénat décréter l'arrestation définitive de tous ceux qu'il a mandés le matin. Le jour même, au moment où l'on installait la statue de Jupiter au Capitole, il convoque le peuple pour lui rendre compte et de la découverte sur laquelle il glisse un peu légèrement, et de la mémorable séance du sénat, qu'il analyse avec détails. Voy. n. 2, 3, 4, 5, 6, et les notes.

1. Nouvel exorde triomphal ! C'est cette fois que la république est définitivement et radicalement sauvée. Gloire à moi, Cicéron! Romulus a donné naissance à Rome ; j'ai fait bien plus, moi, je l'ai sauvée : car sauver, c'est bien plus que faire naître. Commencement de la narration : vigilance grande de l'infatigable consul.

1. Rempublicam, Quirites, vitamque omnium vestrûm, bona, fortunas, conjuges liberosque vestros, atque hoc domicilium[1] clarissimi imperii, fortunatissimam pulcherrimamque urbem, hodierno die, deo-

1. *Domicilium*. Résidence. A Rome en effet résidait l'empire.

rum immortalium summo erga vos amore, laboribus,
consiliis periculisque meis, ex flammâ atque ferro,
ac penè ex faucibus fati[1] ereptam, et vobis conser-
vatam ac restitutam videtis.

2. Et, si non minùs nobis jucundi atque illustres
sunt ii dies, quibus conservamur, quàm illi, quibus
nascimur, quod salutis certa lætitia est, nascendi
incerta conditio ; et quòd sine sensu nascimur, cum
voluptate conservamur : profectò quoniam illum,
qui hanc urbem condidit, Romulum, ad deos immortales benevolentiâ famâque sustulimus[2], esse apud
eos posterosque vestros in honore debebit is qui eamdem hanc urbem conditam amplificatamque servavit[3].
Nam totius urbis templis, delubris, tectis, ac mœnibus
subjectos propè jàm ignes, circumdatosque restinxi-
mus ; iidemque gladios in rempublicam destrictos
retudimus, mucronesque eorum a jugulis vestris
rejecimus. Quæ, quoniam in senatu illustrata, patefacta, compertaque sunt per me[4], vobis jam exponam
breviter, Quirites, ut, et quanta, et quàm manifesta,
et quâ ratione investigata et comprehensâ[5] sint, vos,
qui et ignoratis, et exspectatis, scire possitis.

3. NARRATIO. Principio, ut Catilina paucis ante
diebus erupit ex urbe, quum sceleris sui socios,
hujusce nefarii belli acerrimos duces[6], Romæ reli-
quisset ; semper vigilavi, et providi, Quirites, quem-
admodium in tantis, et tam absconditis insidiis salvi
esse possemus.

---

1. *Faucibus fati.* *Voy.* 2ᵉ Cat.,
note

2. *Sustulimus.* Horace :
Terrarum dominos evehit ad Deos.
　　　　　　　Liv. 1, od. 1.
Et Virgile,
...ε ardens evexit in æthera virtus.
　　　　　　　Énéid., liv. vi.

3. *Servavit*, A sauvé. Ce nom de sau-
veur ne cessa d'être le grand but de
tous les éloges que s'administre lui-
même Cicéron. Les anciens, au reste,
le donnaient à leurs dieux, à leurs rois :
témoin les Antiochus Soter, Ptolémée
Soter, etc.

4 *Per me.* Il appuie sur ce mot par
la même qu'il le rejette ainsi au bout
du membre de phrase.

5 *Investigata et comprehensa.* Le
premier verbe montre qu'on avait
trouvé sa piste, le second qu'on avait
saisi les coupables sur le fait.

6. *Socios, duces.* Les complices...
en qualité de directeurs.

II. *Ses craintes, son plan. Il sait enfin le pacte antiromain passé entre les plénipotentiaires allobroges et les conjurés, il sait que ceux-ci on remis à ceux-là des lettres pour leurs commettants. Mesures prises pour arrêter les plénipotentiaires et l'affidé qui les conduit. Commencement d'exécution.*

4. Nam tum , quum ex urbe Catilinam ejiciebam (non enim jam vereor hujus verbi invidiam [1], quum illa magis sit timenda , quòd vivus exierît), sed tum , quum illum exterminari volebam ; aut reliquam conjuratorum manum simul exituram , aut eos , qui restitissent , infirmos sine illo ac debiles fore putabam. Atque ego , ut vidi quos maximo furore et scelere esse inflammatos sciebam, eos nobiscum esse, et Romæ remansisse , in eo omnes dies noctesque consumpsi, ut , quid agerent , quid molirentur , sentirem ac viderem : ut , quoniam auribus vestris , propter incredibilem magnitudinem sceleris , minorem fidem faceret oratio mea, rem ita comprehenderem, ut tum demum animis saluti vestræ provideretis , quum oculis maleficium ipsum videretis. Itaque, ut comperi [2] legatos Allobrogum [3], belli transalpini, et tumultûs Gallici [4] excitandi causâ, a P. Lentulo [5] esse sollicitatos , eosque in Galliam ad suos cives, eodem itinere, cum litteris mandatisque , ad Catilinam esse missos [6], comitemque iis

1. *Non enim... invidiam.* Il la redoutait naguère lorsqu'il prononçait la 1re et la 2e Catilinaires.

2. *Comperi.* Il dut cette découverte aux révélations de Fabius Sanga , patron du peuple Allobroge à Rome. Car chaque peuple, chaque roi se faisait ainsi le client de quelque Romain influent.

3. *Allobrogum.* Les Allobroges étaient par rapport à Rome de l'autre côté des Alpes , et en conséquence, faisaient partie de la Gaule transalpine , ce qui toutefois ne veut pas dire qu'ils se trouvent en totalité compris dans la France actuelle : leur pays en effet répond à partie de l'ancien Dauphiné et à la Savoie, avec Tarentaise , Faucigny, Maurienne (portion orient. du dép. de l'Isère et anciens dép. du Léman et du Montblanc).

4. *Tumultûs Gallici.* On décrétait à Rome qu'il y avait tumulte lorsqu'un péril imminent menaçait la république, et que déjà la désorganisation dans tous les services et dans le moral des individus semblait préluder à sa ruine. Tel avait longtemps été le cas pour toutes les invasions des Gaulois.

5. *P. Lentulo* P. Cornélius Lentulus Sura , préteur alors, et jadis consul avec Aufide Oreste (en 71). Sa conduite scandaleuse , après avoir été cause que la guerre des esclaves , au lieu d'être confiée à sa direction , le fut à celle du préteur Crassus , le fit exclure du sénat par les censeurs dont un était de même famille que lui (Cn. Corn. Lentulus). C'est pour redevenir sénateur qu'il avait brigué la préture.

6. *Ad Catilinam esse missos.* Pour que Catilina ratifiât les promesses soit verbales soit écrites de ses agents.

adjunctum Vulturcium[1], atque huic datas esse ad Catilinam litteras : facultatem mihi oblatam[2] putavi, ut (quod erat difficillimum, quodque ego semper optabam a diis immortalibus) tota res non solùm a me, sed etiam a senatu et a vobis manifestò deprehenderetur.

5. Itaque hesterno die L. Flaccum[3] et C. Pontinum[4], prætores fortissimos , atque amantissimos reipublicæ viros , ad me vocavi : rem omnem exposui ; quid fieri placeret , ostendi. Illi autem , qui omnia de republicâ præclara atque egregia sentirent , sine recusatione , ac sine ullâ morâ negotium susceperunt , et , quum advesperasceret , occultè ad pontem Milvium[5] pervenerunt ; atque ibi in proximis villis ita bipartiti fuerunt , ut Tiberis inter eos et pons interesset. Eòdem autem et ipsi, sine cujusquam suspicione , multos fortes viros eduxerant ; et ego ex præfecturâ Reatinâ[6] complures delectos adolescentes , quorum operâ utor assiduè in reipublicæ præsidio , cum gladiis miseram. Interim tertiâ ferè vigiliâ[7] exactâ , quum jam pontem Milvium magno comitatu legati Allobrogum ingredi inciperent , unàque Vulturcius[8], fit in eos impetus : educuntur et ab illis gladii , et a nostris. Res erat prætoribus nota solis ; ignorabatur a cæteris.

---

1. *Vulturcium.* De Crotone (*Voy.* Salluste , n° 45) Suivant Florus, il aurait d'avance trahi les conjurés ; mais cette assertion semble dénuée de fondement. Les députés allobroges jouaient cette comédie , oui ; mais leur conducteur , non! car dès lors la comédie devenait superflue.

2. *Facultatem mihi oblatam.* Offerte, soit ; mais Cicéron travaillait depuis longtemps à faire qu'elle s'offrît. Instruit par Sanga des manœuvres pratiquées près des Allobroges, il leur avait prescrit de feindre un zèle ardent, et d'arriver à se faire remettre des pièces authentiques.

3. *L. Flaccus.* L. Valérius Flaccus , gouverneur d'Asie l'année suivante , au sortir de la préture.

4. *C. Pontinum.* (Pomptinnium dans Salluste.) Lieutenant de Crassus dans la guerre des Gladiateurs , et de Cicéron en Cilicie.

5. *Pontem Milvium* Auj. *Ponte Mole* à un mille de Rome , sur la route de la Toscane. Ce pont avait été bâti par M. Scaurus.

6. *Præfectura Reatina.* Réate , aujourd'hui Rieti , dans le pays des Sabins, sur le lac Vélinus

7. *Tertiâ vigiliâ.* La nuit, quelle que fût sa longueur , était divisée en quatre veilles , lesquelles, en conséquence , étaient chacune de deux heures en été , de quatre en hiver , de trois vers les équinoxes.

8. *Quum jam.. Vulturcius.* Dès lors personne ne pouvait s'échapper.

11. Plein succès de l'expédition. Mandats d'amener décernés le lendemain matin contre les principaux complices. Quatre sont pris (il oublie de nommer ceux qui se sont soustraits aux recherches). Visite domiciliaire chez Céthégus : découverte d'un petit arsenal.

6. Tum, interventu[1] Pontini atque Flacci, pugna quæ erat commissa, sedatur; litteræ, quæcumque erant in eo comitatu, integris signis[2], prætoribus traduntur : ipsi comprehensi ad me, quum jam dilucesceret, deducuntur. Atque horum omnium scelerum improbissimum machinatorem Cimbrum Gabinium[3] statim ad me, nihildum suspicantem, vocavi. Deinde item arcessitur L. Statilius[4], et post eum Cethegus[5] : tardissimè autem Lentulus venit credo quòd litteris dandis, præter consuetudinem[6], proximâ nocte vigilarat.

7. Quum verò summis ac clarissimis hujus civitatis viris, qui, auditâ re, frequentes ad me manè convenerant, litteras a me priùs aperiri, quàm ad senatum referrem placeret, ne, si nihil esset inventum, temerè a me tantus tumultus injectus civitati videretur ; negavi me esse facturum, ut[7] de periculo publico, non ad consilium publicum rem integram de-

---

1. *Interventu.* Car sans cette apparition des préteurs, on eût pu regarder l'attaque comme un guet-apens de bandits.

2. *Integris signis.* Pour qu'il demeurât prouvé plus tard que le contenu des lettres n'avait subi aucune altération de la part de Cicéron et de ses amis. — Les cachets avaient chez les anciens et au moyen âge, et ont encore chez les Orientaux une importance bien supérieure à celle que nous leur accordons

3. *Cimbrum Gabinimm.* P. Gabinius Cimber. Ce renversement de l'ordre entre le nom et l'*agnomen* est fréquent. A l'agnomen de Cimber, Salluste substitue celui de Capito ; c'était un chevalier romain ; il ne faut pas le confondre avec l'Aulus Gabinius, auteur des lois Gabiniennes et un des principaux ennemis de Cicéron. Ce dernier était son parent.

4. *L. Statilius.* Aussi chevalier romain. Il descendait du Statilius, chef de la cavalerie Lucanienne, qui se battit contre les Romains à Cannes.

5. *Cethegus.* C. Cornélius Céthégus avait figuré dans les rangs de Marius, puis de Sylla, et finalement de Lépidus. Devenu philosophe au milieu de tous les changements, il ne tenait ni pour les optimates ni pour le peuple, mais pour lui. En tant qu'énergie, c'était un second Catilina.

6. *Præter consuetudinem.* Ce n'est pas seulement que les veilles fussent d'ordinaire plus joyeusement employées; c'est aussi que Lentulus était un dormeur.

7. *Ut.* Ce n'est pas *afin que.* Joignez *ut* à *hoc* sous-entendu, et disposez ainsi les masses : *negavi me esse facturum hoc* (non, dis-je, je ne ferai point ceci). — (Quoi, ceci ?) *ut non deferrem*, etc. (ne pas porter devant, etc.

ferrem. Etenim [1], Quirites, si ea, quæ erant ad me delata, reperta non essent, tamen ego non arbitrabar in tantis reipublicæ periculis mihi esse nimiam diligentiam pertimescendam. Senatum frequentem celeriter, ut vidistis, coëgi. Atque interea statim, admonitu Allobrogum [2], C. Sulpicium [3], prætorem, fortem virum, misi, qui ex ædibus Cethegi, si quid telorum esset, efferret, ex quibus ille maximum sicarum numerum, et gladiorum extulit.

IV. Séance du sénat. Déposition de Vulturce; déposition des Allobroges.

8. Introduxi Vulturcium sine Gallis [4]; fidem ei publicam [5], jussu senatûs, dedi : hortatus sum, ut ea, quæ sciret, sine metu indicaret. Tum ille, quum vix se ex magno timore recreasset [6], dixit, a P. Lentulo se habere ad Catilinam mandata et litteras, ut servorum præsidio uteretur [7], et ad urbem quamprimùm cùm exercitu accederet : id autem eo consilio, ut [8], quum urbem omnibus ex partibus, quemadmodùm

---

1. *Etenim*, etc. La vraie raison aussi que Cicéron ne dit pas, c'est qu'il était sûr de son fait. Les députés allobroges avaient un peu manœuvré en agents provocateurs, il le fallait bien pour acquérir des preuves. Mais ces preuves, il savait bien que désormais il les tenait. — Au reste, il est visible qu'en général il ne s'explique nulle part avec netteté sur le rôle des Allobroges, et que c'est par quelques mots semés de loin en loin qu'on voit combien le récit de Salluste sur cette délation est juste. Voy. plus bas.

2. *Admonitu Allobrogum*. Les Allobroges étaient donc dès cet instant parfaitement d'accord.

3. *C. Sulpicium. C. Sulpicius Gallus* différent du Serv. Sulpicius, un des compétiteurs de Catilina pour le consulat cette même année, 63. — Il n'obtint rien.

4. *Introduxi... Gallis*. Dans Salluste, Vulturce et les Gaulois paraissent ensemble. Mais probablement la contradiction n'est qu'apparente.

5. *Fidem publicam*. Garantie d'emprunt donnée au nom du sénat et du peuple, ou si l'on veut, au nom du gouvernement. C'est ce que l'on appelait, lors de la révolution, sauvegarde nationale.

6. *Quum se ex... recreasset*. Et il ne jouait pas la comédie à ce qu'il paraît. *Comp.* Salluste, n° 47.

7. *Ut uteretur. Comp* un peu plus bas (et dans Salluste, la lettre peu ambiguë des conjurés à Catilina, laquelle finit par ces mots : *Cura ut omnium tibi auxilia adjungas, etiam infirmorum.*

8. *Se autem eo consilio ut...* La déposition dans Salluste est infiniment moins détaillée. Il faut croire que primitivement il tint le langage que lui prête l'historien, *nihil amplius scire quam legatos, tantummodo audire solitum*, mais qu'ensuite pressé de questions sur ce que, selon lui, savaient les Allobroges et sur ce qu'il avait entendu, il dévoila tout ce qu'annonce ici l'orateur.

descriptum distributumque erat; incendissent, cædemque infinitam civium fecissent, præstò esset ille, qui et fugientes exciperet[1], et se cum his urbanis ducibus[2] conjungeret.

9. Introducti autem Galli, jusjurandum sibi[3] et litteras a P. Lentulo, Cethego, Statilio ad suam gentem datas esse dixerunt, atque ita sibi ab his et a L. Cassio[4] esse præscriptum, ut equitatum in Italiam quàm primùm mitterent : pedestres sibi copias non defuturas : Lentulum autem sibi confirmasse, ex fatis sibyllinis[5] aruspicumque responsis, se esse tertium illum Cornelium, ad quem regnum[6] urbis hujus, atque imperium pervenire esset necesse : Cinnam ante se, et Syllam fuisse[7] : eumdemque dixisse, fatalem[8] hunc esse annum ad interitum hujus urbis atque imperii, qui esset decimus annus post virginum absolu

---

1. *Fugientes exciperet.* Même sens que dans Phèdre lorsqu'il s'agit de la chasse donnée en commun par le lion et l'âne aux animaux

> Admonuit siuml
> Ut insuetâ voce terreret feras
> Fugientes ipse exciperet.
>> Liv. I, fab. 11.

Fugientes doit donc s'entendre des victimes et non dés assassins.

2. *Urbanis ducibus.* Les chefs laissés à Rome, tels que les Lentulus, Céthégus, etc.

3. *Jusjurandum sibi.* Remarquez l'expression *dare jusjurandum alicui*, pour jurer entre les mains de quelqu'un. Remarquez aussi celte différence du français et du latin, *dare* jusj. et *prêter serment*, différence, au reste, qui n'est qu'apparente, car *prêter*, ici, n'est que la traduction de *præstare*, et n'implique point l'idée de prêt (don temporaire).

4. *L. Cassio.* L. Cassius Longinus. On verra plus bas qu'il s'était chargé de mettre le feu à Rome. Quoique fort obèse, il eut le pied assez léger pour se soustraire par la fuite à l'arrestation, et ne fut condamné à mort que par contumace.

5. *Ex fatis Sibyllinis.* On demandera comment Lentulus pouvait savoir ce que contenaient les livres Sibyllins. Mais d'abord il faut se souvenir que Lentulus était d'une des plus illustres familles de la république, par conséquent d'une de celles qui pouvaient avoir accès à ces livres mystérieux. Puis, qui ne sait que des ambitieux crédules, comme évidemment l'était ce chef des conjurés à Rome, prêtent aisément l'oreille à des aventures qui les dupent par le récit de ce qu'ils prétendent avoir vu ou l'annonce de ce qu'ils prétendent lire dans l'avenir.

6. *Ad quem regnum*, etc. Ces prophéties relatives à la suprême grandeur, se soutinrent avec un succès constant jusqu'après la chute de l'empire d'Occident Lorsqu'elles accompagnaient l'horoscope, on les appelait *genethliacum regale*, etc., etc. Quant au mot *regnum*, comp. diverses notes de la 2e Cat. et de la 1e.

7. *Se esse..... fuisse* La gens Cornélia se divisait en quatre lignes de première noblesse, les Rufinus, les Malugiuensis, les Scipio, les Lentulus. Cinna, Sylla étaient aussi de cette famille, mais appartenant à des lignes primitivement moins nobles.

8. *Fatalem* (de *fatum*) marqué par le destin, en quelque sorte prédestiné.

tionem[1], post Capitolii autem incensionem[2] vicesimus.
Hanc autem Cethego cum cæteris controversiam fuisse
dixerunt, quòd, quum Lentulo et aliis, Saturnalibus[3] cædem fieri atque urbem incendi, placeret,
Cethego nimiùm id longum videretur.

10. Ac, ne longum sit[4], Quirites, tabellas proferri
jussimus, quæ a quoque dicebantur datæ. Primùm
ostendimus Cethego signum[5], cognovit[6] : nos linum[7]
incidimus, legimus. Erat scriptum ipsius[8] manu,
Allobrogum senatui et populo : sese quæ eorum legatis confirmasset, esse facturum[9] : orare, ut item illi
facerent, quæ sibi legati eorum præcepissent[10]. Tum
Cethegus, qui paulo antè aliquid de gladiis ac si-

---

1. *Virginum absolutionem.* Cet ac-
quittement fut passablement scanda-
leux. *Voy.* Cicéron lui-même *Brutus*,
nº 68, quoique peut-être il n'indique
pas les vraies causes du dénoûment. La
principale accusée était Fabia, sa belle-
sœur (sœur de Térentia, sa femme);
Clodius était l'accusateur ; et le com-
plice de la prévenue dans l'infraction à
son vœu de chateté aurait été Catilina.
Le fait avait eu lieu en 73.

2. *Capitolii incensionem.* Ce dé-
sastre dont Cicéron nous donne ici la
date (83) avait produit une sensation
prodigieuse dans toute l .talie et même
au dehors : on était convaincu qu'à la
durée du Capitole tenait celle de l'empire. La puissance de cette opinion se
montrait encore cent trente-trois ans
plus tard, lorsque dans la guerre civile
de Vitellius et de Vespasien le Capitole
fut incendié. *Voy.* dans Tacite, *Hist.*,
liv. 4, le discours de Civilis.

3. *Saturnalibus*, etc. Fêtes de cinq
jours, du 17 au 21 décembre. Céthégus
avait raison. *Voy.* plus bas.

4. *Ne longum sit.* Formule amenée
par le *longum* du paragraphe précédent.

5. *Signum. Voy.* note 2, p. 43.

6. *Cognovit* Reconnut, c'est-à-dire
avoua que c'était le sien.

7. *Linum.* On voit par là que les
lettres étaient comme ficelées avec un
fil, et qu'au point où se réunissaient les
deux extrémités du fil, était placée la
cire sur laquelle devait s'empreindre
le cachet : cet usage subsistait encore en
France il y a 100 ans. — Avant d'ou-
vrir la lettre donc, il fallait couper
le fil.

8. *Ipsius.* Détail important.

9. *Sese..... facturum..... facerent
quæ...,* etc. Remarquez que la lettre
par elle-même n'énonce rien de net
sur la conjuration ; mais cette affecta-
tion même de n'employer que des
termes vagues au lieu de dire qu'est-ce
qu'il ferait, qu'est-ce qu'il souhaitait,
qu'est-ce qu'avaient garanti les plénipotentiaires, démontre assez qu'il s'a-
git de quelque trame criminelle et
dangereuse

10. *Recepissent.* Garantir, répondre
que. Comme le grec διαδέχομαι qu'il
faut comparer.

cis , quæ apud ipsum erant deprehensæ , respondisset , dixissetque[1] se semper bonorum ferramentorum studiosum fuisse , recitatis litteris , debilitatus atque abjectus , conscientiâ convictus , repente conticuit. Introductus Statilius , cognovit manum et signum suum : recitatæ sunt tabellæ in eamdem ferè sententiam : confessus est.

11. Tum ostendi tabellas Lentulo , et quæsivi , cognosceretne signum ? Annuit. Est verò , inquam , signum quidem notum, imago avi tui[2], clarissimi viri , qui amavit unicè patriam et cives suos ; quæ quidem te a tanto scelere etiam muta revocare debuit. Leguntur eâdem ratione ad senatum Allobrogum populumque litteræ : si quid de his rebus dicere vellet , feci potestatem. Atque ille primò quidem negavit ; post autem aliquantò, toto jam indicio exposito atque edito, surrexit[3] : quæsivit a Gallis, quid sibi esset cum iis[4] ; quamobrem domum suam venissent , itemque a Vulturcio. Qui quum illi breviter , constanterque respondissent , per quem ad eum quotiesque venissent , quæsissentque ab eo , nihilne secum esset de fatis sibyllinis locutus , tum ille subitò , scelere demens , quanta conscientiæ vis esset , ostendit. Nam , quum id posset inficiari, repente præter opinionem omnium confessus est : ita eum non modò ingenium illud , et dicendi exercitatio , quâ semper valuit , sed etiam propter vim sceleris manifesti atque deprehensi , impudentia , quâ superabat omnes , improbitasque defecit.

1. *Dixissetque.... fuisse.* Pitoyable excuse , mais dont l'histoire des conjurations nons reproduit souvent la burlesque allégation.

2. *Avi tui.* L. Corn. Lentulus, consul subrogé en 162 ; vulgairement confondu avec L. Corn. Lentulus Lupus, consul en 156.

3. *Surrexit.* Ainsi , bien qu'en arrestation déjà, Lentulus siégeait encore comme sénateur. En effet , ce n'est qu'après les dépositions toutes entendues et prouvées , qu'il fut invité à se démettre de la préture.

4. *Quid sibi esset cum iis* Ne pas croire que c'était ici une exclamation de fureur. Toute cette interprétation au contraire était fort bien calculée de sa part : il ne voulait pas se livrer, se couper. Malheureusement la décision des Allobroges était irrévocable, et ils voyaient trop bien que la force était du côté de Cicéron pour être tentés de se démentir

12. Vulturcius verò subitò proferri litteras, atque
aperiri jussit, quas sibi a Lentulo ad Catilinam datas
esse dicebat. Atque ibi vehementissimè perturbatus
Lentulus, tamen et signum suum, et manum cognovit. Erant autem scriptæ sine nomine [1], sed ita : « Qui
sim, ex eo, quem ad te misi, cognosces. Cura, ut
vir sis, et cogita, quem in locum sis progressus, et
vide, quid jam tibi sit necesse : cura, ut omnium
tibi auxilia adjungas, etiam infimorum [2]. » Gabinius
deinde introductus, quum primò impudenter respon-
dere cœpisset, ad extremum nihil ex iis, quæ Galli
insimulabant, negavit.

13. Ac mihi quidem, Quirites, quum illa certis-
sima sunt visa argumenta atque indicia sceleris, tabellæ, signa, manus, denique uniuscujusque confessio, tum multò illa certiora, color, oculi, vultus,
taciturnitas : sic enim obstupuerant, sic terram in-
tuebantur, sic furtim nonnunquam inter se adspicie-
bant, ut non jam ab aliis indicari, sed indicare se
ipsi viderentur.

VI. Délibération du sénat, puis sénatus-consulte qui décrète : 1º remer. îments à
Cicéron, aux deux préteurs qui l'ont secondé, au consul Antoine ; 2º arrestation
de neuf personnages (dont les quatre déjà pris ; 3º supplication solennelle aux
dieux (subsidiairement, abdication de Lentulus).

14. Indiciis expositis, atque editis, Quirites, senatum consului, de summâ reipublicâ [3] quid fieri
placeret. Dictæ sunt a principibus [4] acerrimæ ac fortis-

---

1. *Sine nomine.* Nous écrivons sans
signature, mais les anciens ne signaient
pas. Le nom de l'écrivant était à la
tête de la lettre, joint à celui du cor-
respondant, au datif, avec la formule
S. ou S. D. ou S. P. D (p. ex.: *D. Ju-
nius Silanus Cn. Pompeio S.* pour *sal-
vere* ou *salutem*).

2. *Infimorum.* Il indique ainsi les
esclaves, seule classe d'hommes que
Catilina n'eût point admise encore dans
son armée, où tout se trouvait pêle-
mêle, plébéiens, nobles, étrangers et
Romains, prolétaires, gladiateurs, etc.,

3. *Summâ republicâ.* Formule usitée

à propos de tout objet qui touche à
l'ensemble et non à tel ou tel détail de
la république romaine : il est clair que
petit à petit *summa republica* en vint à
signifier les grands rouages de la ma-
chine gouvernementale et plus simplement le gouvernement.

4. *Principibus.* S.-ent. *senatús.* C'é-
tait le titre de ceux que les censeurs
plaçaient les premiers sur la liste des
sénateurs, liste qu'ils confectionnaient
de cinq en cinq ans. Le prince du sénat
opinait le premier, et comme tel avait
beaucoup d'influence, quoique sa puissance officielle fût nulle ; d'ailleurs ce

simæ sententiæ, quas senatus sine ullâ varietate est consecutus. Et quoniam nondum est perscriptum [1] senatusconsultum, ex memoriâ vobis, Quirites, quid senatus censuerit, exponam.

15. Primùm mihi gratiæ verbis amplissimis aguntur, quòd virtute, consilio, providentiâ meâ, respublica periculis sit maximis liberata ; deinde L. Flaccus, et C. Pontinus prætores, quòd eorum operâ forti fidelique usus essem [2], meritò ac jure laudantur : atque etiam viro forti, collegæ meo, C. Antonio laus impertitur [3], quòd eos, qui hujus conjurationis participes fuissent, a suis et reipublicæ consiliis [4] removisset. Atque ita censuerunt, ut P. Lentulus, quum se præturâ abdicasset [5], tam in custodiam [6] traderetur; itemque uti C. Cethegus, L. Statilius, P. Gabinius, qui omnes præsentes erant, in custodiam traderentur : atque idem hoc decretum est in L. Cassium [7], qui sibi procurationem incendendæ urbis depoposcerat ; in M. Ceparium, cui, ad sollicitandos pastores [8], Apuliam esse attributam erat indicatum ; in P. Furium, qui est ex his coloniis, quas Fæsulas L. Sylla deduxit [9] ; in Q. Magium Chilonem, qui unà cum hoc Furio semper erat in hac Allobrogum sollicitatione versatus ; in P. Umbrenum, libertinum hominem, a quo primùm Gallos ad Gabinium

titre n'était donné qu'à des personnages influents. Après le prince du sénat opinaient les consuls désignés, les consulaires, les ex-préteurs, etc.

1. *Perscriptum*. Complétement (*per*) écrit (*scriptum*). On n'a pas encore définitivement arrêté la rédaction.

2. *Usus essem*. Même sens que dans la 2e Cat, trouver à l'user.

3. *Atque etiam..... impertitur*. Elles ne sont pas magnifiques ces louanges. Mais aussi Antoine avait montré fort peu d'ardeur pour la cause publique et beaucoup d'inclination au contraire pour Catilina. *Comp.* Salluste, n° 26.

4. *A... reip. consiliis*. Sa gloire donc se bornait à n'avoir point trahi en faveur de Catilina les secrets de la république. Et qui ne voit que ces secrets, Cicéron les lui cachait ?

5. *Se..... abdicasset*. Jusque-là, la lettre de la loi déclarait le magistrat inviolable.

6. *In custodiam*. *Voy.* 1re Cat., et *comp.* Salluste, n° 47 (il nomme ceux à qui on confie chaque prisonnier).

7. *L. Cassium. Voy.* page 45, note 4.

8. *Pastores*. Toute cette contrée est, comme on sait, couverte de grandes terres abandonnées à la vaine pâture. Dans tous les temps ces pâtres du fond de la Péninsule ont fourni matière aux insurrections de Spartacus, au cardinal Ruffo.

9. *Ex his... deduxit. Voy.* 2e Cat., vers la fin. Furius ne fut pas plus arrêté que Cassius, et commanda sans doute l'aile gauche de Catilina à la bataille de Pistoire.

perductos esse constabat. Atque eâ lenitate senatus est usus, Quirites, ut ex tantâ conjuratione, tantàque vi ac multitudine domesticorum hostium, novem hominum perditissimorum pœnâ, republicâ conservatâ, reliquorum mentes sanari posse arbitraretur.

16. Atque etiam supplicatio[1] Diis immortalibus, pro singulari eorum merito, meo nomine decreta est, Quirites : quod mihi primùm post hanc urbem conditam togato contigit[2]; et his decreta verbis est : « Quòd urbem incendiis, cæde cives, Italiam bello liberassem. » Quæ supplicatio si cum cæteris conferatur, Quirites, hoc intersit, quòd cæteræ bene gestâ[3], hæc una, conservatâ republicâ, constituta est. Atque illud, quod faciendum primùm fuit, factum atque transactum est. Nam P. Lentulus, quanquam patefactus indiciis et confessionibus suis, judicio senatûs, non modò prætoris jus verùm etiam civis amiserat; tamen magistratu se abdicavit : ut, quæ religio[4] C. Mario, clarissimo viro, non fuerat, quominus C. Glauciam[5], de quo nihil nominatim erat decretum, prætorem occideret, eâ nos religione in privato P. Lentulo puniendo liberaremur[6].

VII. Récapitulation de la conduite de Cicéron : elle est adroite et le succès l'a couronnée : 1º Catilina n'est plus à Rome et plus de doute sur la rébellion; 2º ses complices à Rome ont fait des fautes que jamais il n'eût commises (digression sur les talents de ce conjuré : désormais le complot n'existe plus.

17. Nunc, quoniam, Quirites, sceleratissimi peri-

---

1. *Supplicatio.* Solennité religieuse qui comprenait en même temps actions de grâces pour le passé et prières pour l'avenir. C'était le *Te Deum* du paganisme.

2. *Quod primum contigit....* Cicéron revient toujours sur le *togato* (comp. 2ᵉ Cat., page 37, note 2), qui effectivement nous montre ici un *Te Deum* pour autre chose qu'une bataille gagnée (*Voy.* note précédente).

3. *Bene gesta.* Administrer avec succès (administrer ici s'entend aussi bien de la conduite des armées que de celle de l'intérieur de l'état).

4. *Religio.* Scrupule religieux.

5. *C. Glauciam.* Glaucia fut tué en même temps que Saturninus et Servilius. *Voy.* 1ʳᵉ Cat, note 18

6. *Ut quæ..... liberaremur.* Disposez ainsi les masses 1º *ut nos, in P. Lent. prie. pun. liberaremur eâ religione;* 2º *quæ religio* (ce mot, dans la construction ici adoptée, devient redondant), *non fuerat C. Mar. cl. v. quominus* (n'avait pas empêché Marius..... de); 3º *occ. pr. C. Gl. de quo nih. c. d. nominatim.*

culosissimique belli nefarios duces captos jam et comprehensos tenetis, existimare debetis omnes Catilinæ copias, omnes spes, atque opes, his depulsis urbis periculis, concidisse. Quem quidem ego quum ex urbe pellebam, hoc providebam animo, Quirites, remoto Catilinâ, nec mihi esse P. Lentuli somnum, nec L. Cassi adipem[1], nec Cethegi furiosam temeritatem pertimescendam. Ille erat unus timendus ex his omnibus, sed tamdiu, dum mænibus urbis continebatur. Omnia nôrat; omnium aditus[2] tenebat; appellare, tentare, sollicitare[3] poterat, audebat; erat ei consilium ad facinus aptum; consilio autem neque lingua, neque manus deerat. Jam ad certas res conficiendas certos homines delectos ac descriptos habebat[4] : neque verò quum aliquid mandaverat, confectum putabat; nihil erat, quod non ipse obiret[5], occurreret, vigilaret, laboraret; frigus, sitim, famem ferre poterat[6].

18. Hunc ego hominem tam acrem, tam paratum, tam audacem, tam callidum, tam in scelere vigilantem, tam in perditis rebus diligentem, nisi ex domesticis insidiis in castrense latrocinium[7] compulissem (dicam id, quod sentio, Quirites), non facilè hanc tantam molem mali a cervicibus vestris depulissem. Non ille vobis Saturnalia constituisset[8], neque tantò antè exitium ac fati diem[9] reipublicæ denuntiasset, neque commisisset, ut signum, ut litteræ suæ, testes denique manifesti sceleris deprehenderentur : quæ nunc, illo absente, sic gesta sunt, ut nullum in privatâ domo furtum unquam sit tam palam inventum quàm hæc

1. *Somnum... adipem.* Très-expressif. Il peint chacun de ses hommes d'un trait.

2. *Aditus.* Moyen d'aborder.

3. *Appellare*, *tentare*, *sollicitare.* Remarquer la gradation ascendante et les nuances de ces trois verbes qui forment un tableau complet

4. *Certas habebat.* Il appuie sur ce trait essentiel (le talent de mettre chacun à sa place) : deux fois *cert.....! delectos! descriptos!*

5. *Obiret.* Aller et-venir autour c.-à-d. inspecter à diverses reprises.

6. *Frigus.....poterat. Voy.* 1re Cat., notes et texte.

7. *Castrense latrocinium. Voy.* 1re C., vers la fin et 2e Cat., la comparaison des ressources de Rome et de Catilina.

8. *Non...constituisset. Voy.* page 46, note 3.

9. *Fati diem.* Voy. p. 45, n. dernière, ligne 1.

tanta in rempublicam conjuratio manifestò inventa
atque deprehensa est. Quòd si Catilina in urbe ad
hanc diem remansisset, quanquam, quoad fuit, omnibus ejus consiliis occurri, atque obstiti ; tamen,
ut levissìmè dicam, dimicandum nobis cum illo fuisset ; neque nos unquàm, dum ille in urbe hostis
fuisset, tantis periculis rempublicam, tantâ pace,
tanto otio, tanto silentio, liberassemus.

19. Quanquam hæc omnia, Quirites, ita sunt a
me administrata ut Deorum immortalium nutu atque
consilio et gesta, et provisa esse videantur : idque
quum conjecturâ consequi possumus [1], quòd vix videtur humani consilii tantarum rerum gubernatio
esse potuisse ; tum verò ità præsentes his temporibus
opem et auxilium nobis tulerunt, ut eos penè oculis
videre possemus. Nam, ut illa omittam, visas nocturno tempore ab occidente faces, ardoremque cœli [2],
ut fulminum jactus, ut terræ motus relinquam, et
cætera, quæ tam multa nobis consulibus, facta
sunt, ut hæc, quæ nunc fiunt, canere [3] Dii immortales viderentur ; hoc certè, Quirites, quod sum
dicturus, neque prætermittendum, neque relinquen-
dum est.

20. Nam profectò memoriâ tenetis, Cottâ, Torquato consulibus [4], complures in Capitolio turres de
cœlo esse percussas, quum et simulacra Deorum
immortalium depulsa sunt, et statuæ vetèrum ho-

1. *Idque... possumus.* Voici les
masses ; 1º *Et possumus id consequi* de
deux manières ; 2º la première, par la
conjecture qui suit, *quum conjectura
quòd* et le reste jusqu'à *potuisse* ; 3º la
seconde par le fait suivant, *tum vero
Dii n. t. o. et a. h. temp. præsentes ita
ut*, etc., etc.

2. *Faces ardoremque cœli.* Tous ces
méteores sont fort connus aujourd'hui ;
ce sont des halos de grande ou petite
espèce et des effets de lumière zodiacale.

3. *Cancre.* Expression solennelle et
légèrement emphatique, sans cesse d'u-
sage pour indiquer l'accent prophétique.

4. *Cottá, Torquato consulibus.* En 65.
— *N. B.* C'est une faute que d'écrire
Cottá et Torquato consulibus.

minum dejectæ, et legum æra liquefacta[1]. Tactus est etiam ille, qui hanc urbem condidit, Romulus, quem inauratum in Capitolio parvum atque lactentem, uberibus lupinis inhiantem, fuisse meministis[2]. Quo quidem tempore quum aruspices ex totâ Etruriâ[3] convenissent, cædes, atque incendia, et legum interitum, et bellum civile ac domesticum, et totius urbis atque imperii occasum appropinquare dixerunt, nisi Dii immortales omni ratione placati, suo numine propè fata ipsa flexissent[4].

21. Itaque ex illorum responsis tunc et ludi decem per dies facti sunt, neque res ulla, quæ ad placandum Deos pertineret prætermissa est : iidemque jusserunt, simulacrum Jovis facere majus, et in excelso collocare, et contrà atque antè fuerat, ad orientem convertere : ac se sperare[5] dixerunt, si illud signum, quod videtis, solis ortum, et forum curiamque conspiceret, fore ut ea consilia, quæ clam essent inita contra salutem urbis atque imperii, illustrarentur[6], ut à senatu populoque romano perspici possent. Atque illud ita collocandum consules illi locaverunt[7] : sed tanta fuit operis tarditas, ut neque a superioribus consulibus[8], neque a nobis ante hodiernum diem collocaretur.

22. Hic quis potest esse, Quirites, tam aversus a

1. *AErâ legum liquefacta.* Les lois des douze Tables fondues par la violence de l'incendie.

2. *Romulus quem... meministis.* On voit encore ce groupe à Rome.

3. *Ex... Etruria.* C'était la contrée classique des augures et des aruspices. Aussi leur théologie se nommait-elle la discipline étrusque. Ils en attribuaient l'origine au petit vieillard Tagès.

4. *Fata flexissent.* Le destin n'était donc pas inflexible ? il pouvait revenir sur ses arrêts !

5. *Sperare.* On voit que les devins ne se compromettent pas.

6. *Illustrarentur.* Ainsi l'espoir des interprètes de l'avenir repose sur un jeu de mots : la statue verra les lieux où se lève la lumière ; le complot aussi sera mis en lumière.

7. *Locaverunt.* Adjugèrent l'entreprise de sa statue. Ces adjudications dont, comme on le voit, l'idée n'est pas nouvelle, se faisaient au rabais.

8. *Superioribus consulibus.* Ceux de 64.

vero, tam præceps, tam mente captus, qui neget
hæc omnia quæ videmus, præcipuèque hanc urbem
Deorum immortalium nutu atque potestate adminis-
trari ? Etenim quum esset ita responsum, cædes,
incendia, interitumque reipublicæ comparari, et ea
per cives, quæ tum propter magnitudinem scelerum
nonnullis incredibilia videbantur : ea non modo cogi-
tata a nefariis civibus, verùm etiam suscepta[1] esse
censistis. Illud verò nonne ita præsens est, ut nutu
Jovis Optimi Maximi[2] factum esse videatur, ut quum,
hodierno die manè per forum meo jussu et conjurati,
et eorum indices in ædem Concordiæ[3] ducerentur,
eo ipso tempore signum statueretur[4] ? quo collocato,
atque ad vos senatumque converso, omnia et senatus, et vos, quæ erant contra salutem omnium cogi-
tata, illustrata, et patefacta vidistis.

23. Quo etiam majore sunt isti odio supplicioque
digni, qui non solùm vestris domiciliis atque tectis,
sed etiam Deorum templis atque delubris sunt funestos
ac nefarios ignes inferre conati. Quibus ego si me res-
titisse dicam, nimiùm mihi sumam[5], et non sim feren-
dus. Ille, ille Jupiter restitit : ille Capitolium, ille
hæc templa, ille hanc urbem, ille vos omnes salvos
esse voluit. Diis ego immortalibus ducibus hanc
mentem, Quirites, voluntatemque suscepi, atque ad
hæc tanta indicia perveni. Jam verò illa Allobrogum
sollicitatio, sic a Lentulo cæterisque domesticis hos-
tibus, tanta res, tam dementer credita et ignotis
et barbaris[6], commissæque litteræ nunquam essent
profectò, nisi a Diis immortalibus huic tantæ audaciæ consilium esset ereptum[7]. Quid verò ? ut homines

<hr>

1. *Suscepta.* Ce mot indique commencement de mise à exécution.

2. *Jovis Optimi Maximi.* Formule
toute faite, et qui revient absolument à
Jovis.

3. *In ædem concordiæ. Comp.* ce
que nous avons dit 1re Catil, note 4.

4. *Eo ipso.... statueretur.* On peut
croire que Cicéron lui-même avait pré-
paré cette coïncidence.

5. *Nimiùm mihi sumam.* Je m'attri-
buerais trop, je me vanterais d'un mérite plus grand que n'est le mien, etc.

6. *Barbaris.* Les Grecs traitaient de
barbares tout ce qui n'était pas Grec
comme eux ; les Latins les imitèrent
assez longtemps.

7. *Audaciæ consilium ereptum.*
Comme s'il y avait *audacibus* au lieu
d'*audaciæ.*

Galli ex civitate malè pacatâ, quæ gens una restat,
quæ populo romano bellum facere et posse, et non
nolle[1] videatur, spem imperii et rerum amplissi-
marum ultro sibi a patriciis hominibus oblatam ne-
gligerent, vestramque salutem suis opibus antepone-
rent, id non divinitus factum esse putatis[2]? præsertim
qui nos non pugnando, sed tacendo superare potue-
runt ?

X. Du reste, jamais danger ne fut si grand (parallèle des révolutions passées avec
le cas actuel); et jamais Rome n'en fut préservée à meilleur marché.

24. Quamobrem, Quirites, quoniam ad omnia
pulvinaria[3] supplicatio decreta est, celebratote illos
dies cum conjugibus ac liberis vestris. Nam multi
sæpe honores Diis immortalibus justi habiti sunt
ac debiti, sed profectò justiorès nunquam ; erepti
enim estis ex crudelissimo ac miserrimo interitu, et
erepti sine cæde, sine sanguine, sine exercitu, sine
dimicatione : togati[4], me uno togato duce et imperatore, vicistis.

25. Etenim recordamini, Quirites, omnes civiles
dissensiones, neque solùm eas, quas audistis, sed
et has, quas vosmetipsi meministis et vidistis. L.
Sylla P. Sulpicium oppressit ; ex urbe ejecit C. Marium[5], custodem hujus urbis : multosque fortes viros

1. *Non nosse.* En avoir quelque vel-
léité. Plus fin que *velle*, et aussi plus
juste.

2. *Id non... putatis.* Il n'y a pas là
le doigt de Dieu ; car qui ne voit que
les Allobroges devaient préférer le parti
de Rome même à celui des conjurés?
car Rome était plus riche et plus à
même de les récompenser, et c'est
pour elle qu'étaient toutes les chances.
Cependant il paraît que, même après la
découverte dont il est question dans
toute cette Catilinaire, les députés Allobroges n'obtinrent point du sénat la sa-
tisfaction qu'ils demandaient relativement aux concussions de leurs gouver-
neurs, et que leurs compatriotes leur
reprochèrent amèrement de ne pas avoir
laissé faire Catilina.

3. *Pulvinaria.* On descendait dans
les grandes occasions les dieux de leurs
niches pour les coucher sur des cous-
sins ou des sofas, auprès desquels le
peuple en foule allait prier.

4. *Togati*, etc. Revoir 2e Catil.,
page 37, note 2 et note 2 de la page 5o.

5. *L. Scylla... Marium.* En 88. Il s'a-
git de la première révolution opérée par
Sylla. Un sénatus-consulte l'avait chargé
de la conduite de la guerre contre Mithridate ; un plébiscite en investit Marius : de là la guerre ; Sylla revint sur
Rome avec l'armée qu'il avait en Cam-
panie et qu'il allait guider en Orient ;
Sulpicius était le tribun sur la présen-
tation duquel avait été voté le plébiscite. On devine bien quel dut être son
sort.

partim ejecit ex civitate, partim interemit. Cn.
Octavius, consul, armis ex urbe collegam suum expulit[1] : omnis hic locus acervis corporum et civium
sanguine redundavit. Superavit postea Cinna cum
Mario[2] : tum verò, clarissimis viris interfectis, lu-
mina civitatis exstincta sunt. Ultus est hujus victoriæ
crudelitatem postea Sylla[3]; ne dici quidem opus est,
quantâ diminutione civium, et quantâ calamitate reipublicæ. Dissensit M. Lepidus a clarissimo et fortissimo viro Q. Catulo[4] : attulit non tam ipsius interitus
reipublicæ luctum, quàm cæterorum.

26. Atque illæ dissensiones erant hujusmodi, Quirites, quæ non ad delendam, sed ad commutandam
rempublicam pertinerent : non illi nullam esse rempublicam, sed in eâ, quæ esset, se esse principes, neque
hanc urbem conflagrare, sed se in hac urbe florere voluerunt. Atque illæ tamen omnes dissensiones, quarum
nulla exitium reipublicæ quæsivit, ejusmodi fuerunt, ut non reconciliatione concordiæ, sed interne-
cione civium dijudicatæ sint. In hoc autem uno post
hominum memoriam maximo crudelissimoque bello,
quale bellum nulla unquam barbaria[5] cum suâ gente
gessit, quo in bello lex hæc fuit a Lentulo, Catilinâ,
Cassio, Cethego constituta, ut omnes, qui salvâ urbe
salvi esse possent, in hostium numero ducerentur,
ita me gessi, Quirites, ut omnes salvi conservare-
mini : et, quum hostes vestri tantùm civium superfu-
turum putassent, quantùm infinitæ cædi restitisset[6];
tantùm autem urbis, quantùm flamma obire non
potuisset ; et urbem et cives integros incolumesque
servavi.

1. *Cn. Octavius ... expulit.* En 87 :
Continuation de la victoire des Optimates après le départ de Sylla. Le collègue d'Octave était Cinna, chaud par-
tisan de Marius.

2. *Superavit..... Mario.* Fin de 87
et commencement de 86. Proscrip-
tions, etc. Le triomphe des partisans
de Marius dura jusqu'en 82.

3. *Ultus... Sylla.* En 82 et l'année
suivante.

4. *Dissensit...Catulo.* En 78, l'année même de la mort de Sylla : Catulus
était optimatiste, Lepidus soutenait la
cause populaire; ils renouvelaient
Octave et Cinna.

5. *Barbaria.* Nation barbare, civi-
lisation barbare.

6. *Infinitæ... restitisset.* Remarquez
cette expression *restare* et datif, pour
échapper et survivre à...

XI. **Péroraison.** L'unique prix auquel aspire Cicéron pour tant de services, c'est un immortel souvenir de la part des Romains.

27. Quibus pro tantis rebus, Quirites, nullum ego a vobis præmium virtutis, nullum insigne honoris, nullum monumentum laudis postulo, præterquam hujus diei memoriam sempiternam. In animis ego vestris omnes triumphos meos, omnia ornamenta honoris, monumenta gloriæ, laudis insignia, condi et collocari volo. Nihil me mutum potest delectare, nihil tacitum, nihil denique hujusmodi, quod etiam minùs digni assequi possint. Memoriâ vestrâ, Quirites, nostræ res alentur, sermonibus crescent, litterarum monumentis inveterascent et corroborabuntur [1] : camdemque diem intelligo, quam spero æternam fore, et ad salutem urbis, et ad memoriam consulatûs mei, propagatam esse : unoque tempore in hac republicâ duos cives exstitisse, quorum alter [2] fines vestri imperii, non terræ, sed cœli regionibus terminaret; alter ejusdem imperii domicilium sedemque servaret.

XII. Quel que soit l'acharnement des haines auxquelles peut-être il sera en butte, il peut le dire, nul ne l'attaquera sans trahir de criminelles intentions; il suivra la même voie; il bravera toujours les pervers. D'ailleurs qu'a-t-il encore à désirer? rien. Conclusion : Que les Romains remercient respectueusement Jupiter et fassent bonne garde! ils ne la feront pas longtemps.

28. Sed, quoniam earum rerum, quas ego gessi, non est eadem fortuna atque conditio, quæ illorum, qui externa bella gesserunt, quòd mihi vivendum sit cum illis quos vici ac subegi; isti hostes aut interfectos aut oppressos reliquerunt : vestrum est, Quirites, si cæteris recta sua facta prosunt, mihi mea ne quandò obsint, providere : mentes enim hominum audacissimorum sceleratæ ac nefariæ ne vobis nocere possent, ego providi ; ne mihi noceant, vestrum est providere. Quanquam, Quirites, mihi quidem ipsi nihil jam ab istis noceri potest : magnum enim est in

1. *Mem. corroborabuntur.* Métaphoriques tous les quatre, les verbes *alentur, crescent, inveterascent* et *corroborabuntur*, se justifient et s'amènent mutuellement tous les quatre : ils forment tableau.

2. *Alter.* Pompée, protecteur de Cicéron, qui ne manque jamais d'entonner ses louanges.

bonis præsidium, quod mihi in perpetuum compa-
ratum est ; magna in republicâ dignitas, quæ me
semper tacita defendet ; magna vis est conscientiæ ;
quam qui negligent, quum me violare volent, se
ipsi indicabunt[1].

29. Est etiam in nobis is animus, Quirites, ut
non modò nullius audaciæ cedamus, sed etiam omnes
improbos ultro semper lacessamus. Quòd si omnes
impetus domesticorum hostium depulsi a vobis, se
in me unum converterint, vobis erit providendum,
Quirites, quâ conditione posthac eos esse velitis,
qui se pro salute vestrâ obtulerint invidiæ periculisque omnibus. Mihi quidem ipsi quid est, quod
jam ad vitæ fructum[2] possit adquiri, præsertim quum
neque in honore vestro, neque in gloriâ virtutis,
quidquam videam altius[3], quò quidem mihi libeat
adscendere?

30. Illud perficiam profectò, Quirites, ut ea,
quæ gessi in consulatu, privatus tuear atque or-
nem : ut, si qua est invidia in conservandâ republicâ
suscepta, lædat invidos, mihi valeat ad gloriam.
Denique ita me in republicâ tractabo, ut meminerim
semper quæ gesserim, curemque, ut ea virtute,
non casu, gesta esse videantur. Vos, Quirites,
quoniam jam nox est, veneramini illum[4] Jovem,
custodem hujus urbis ac vestrum, atque in vestra
tecta discedite ; et ea, quanquam jam periculum est
depulsum, tamen æquè ac priori nocte fecistis, custodiis vigiliisque defendite. Id ne vobis diutius faciendum sit, atque ut in perpetuâ pace esse possitis,
providebo.

1. *Quum me..... indicabunt.* Extrême
justesse. Cicéron eut bien des attaques
a repousser, et il n'y réussit pas toujours ; mais l'équitable postérité doit le
proclamer, il n'eut d'ennemis que les
ennemis de l'ordre de choses et de la
république.

2. *Fructum.* Profit, mais dans un
sens large qui comprenne la gloire non
moins que le profit proprement dit.

3. *Altius.* Il n'y avait de plus haut
que la dictature longtemps en désuétude avant Sylla, et avec laquelle
l'exemple récent n'avait pas reconcilié
la noblesse ; et la censure plus hono-
rable que riche en pouvoirs, lorsqu'on
la compare au consulat.

4. *Illum.* Il montre du doigt la
statue tout nouvellement intronisée du
dieu.

M. T. CICÉRON.

QUATRIÈME DISCOURS

CONTRE L. CATILINA,

PRONONCÉ

LE 5 DÉC., 63 ANS AV. J. C, DANS LE TEMPLE DE LA CONCORDE,
EN PRÉSENCE DU SÉNAT.

OCCASION DU DISCOURS.

En réalité le complot n'était qu'ajourné ; il avait versé, il pouvait se relever : les nobles et les riches coupables vivaient, et les murs d'une prison ne ferment pas hermétiquement. Pour en finir, il fallait leur mort : les habiles de tous les partis le savaient bien ; les dupes seules voyaient dans ce fait une question. Et c'est parce que les uns et les autres tenaient pour sûr que l'exécution des quatre chefs couperait court à la conspiration en herbe, qu'ils demandaient les uns, sa mort, les autres, toute peine différente de la peine de mort. César était le chef des derniers. Entre autres motifs qu'ils faisaient valoir, était celui du danger que courrait le consul, si les partisans de la sévérité l'emportaient.

I. Remercîments touchants à ceux des membres du sénat qui craignent pour lui. Sa résignation passée, présente. Rien ne lui coûtera pour achever sa tâche : le jour de sa mort sera un beau jour, si Rome est sauvée ce jour-là.

1. Video, Patres Conscripti, in me omnium vestrûm ora atque oculos esse conversos, video vos non solùm de vestro, ac reipublicæ verùm etiam si id depulsum sit, de meo periculo[1] esse sollicitos. Est mihi jucunda in malis, et grata in dolore, vestra erga me voluntas ; sed eam, per Deos immortales ! quæso, deponite, atque obliti salutis meæ,

1. *De meo periculo.* On verra plus bas, nº 5 du texte, en quoi du choix que vont faire des sénateurs entre l'opinion de Silanus et celle qu'ouvre César, résulte plus ou moins de danger pour Cicéron.

de vobis, ac de liberis vestris cogitate. Mihi quidem si hæc conditio consulatûs data est, ut omnes acerbitates, omnes dolores cruciatusque perferrem, feram, non solùm fortiter, sed etiam libenter, dummodo meis laboribus, vobis populoque romano dignitas salusque periatur.

2. Ego sum ille consul, P. C., cui non forum, in quo omnis æquitas[1] continetur ; non campus[2], consularibus auspiciis consecratus ; non curia[3], summum auxilium omnium gentium ; non domus, commune perfugium ; non lectus[4], ad quietem datus ; non denique hæc sedes honoris, sella curulis unquam, vacuâ mortis periculo atque insidiis fuit. Ego multa tacui, multa pertuli, multa concessi[5], multa meo quodam dolore, in vestro timore, sanavi. Nunc, si hunc exitum consulatûs mei[6] Dii immortales esse voluerunt, ut vos, P. C. populumque romanum ex cæde miserrimâ, conjuges, liberosque vestros, virginesque Vestales[7] ex acerbissimâ vexatione, templa atque delubra, hanc pulcherrimam patriam omnium nostrûm ex fœdissimâ flammâ, totam Italiam ex bello et vastitate eriperem, quæcumque mihi uni proponetur fortuna, subeatur. Etenim, si P. Lentulus suum nomen, inductus a vatibus, fatale ad perniciem reipublicæ fore putavit, cur ego non læter meum consulatum ad salutem reipublicæ prope fatalem[8] exstitisse ?

---

1. *Omnis æquitas*, etc. Vu que la justice se rendait dans les boutiques qui environnaient le forum.

2. *Non campus. Voy.* 1re et 2e Cat. Catilina avait voulu faire assassiner Cicéron aux comices.

3. *Non curia.* Catilina, se décidant à partir de Rome, avait menacé Cicéron en plein sénat. Peut-être l'orateur fait-il encore allusion à d'autres circonstances.

4. *Domus... lectulus. Voy* encore C. 1.

5. *Concessi.* La province de Macédoine cédée à Antoine pour prix de sa neutralité.

6. *Exitum... mei.* C'est le 5 décembre que se prononçait le discours,

il n'y avait donc pour atteindre le bout de l'année que vingt-six jours. Aussi ne fut-ce même pas cette année que se termina la guerre ouverte que dès lors Catilina faisait à Rome : ce fut en 62.

7. *Virginesque Vestales.* Cicéron aime à revenir sur ce point, tant à cause de l'accusation jadis portée contre Catilina par Clodius que de l'importance que les Romains attachaient à tout ce qui tenait au culte de Vesta, dans lequel ils voyaient le symbole de la perpétuité de l'empire.

8. *Fatale... fatalem.* Même sens que dans la 3e Cat., note 8 de la page 45 ; mais en bonne part à la fin, en mauvaise au commencement de la phrase.

II. Et pourtant il n'a pas un cœur de fer : il sympathise avec les tendres appréhensions de sa famille. Mais qu'importe ? ce n'est pas de l'individu qu'il s'agit, c'est de la république, et jamais trame plus odieuse et plus gigantesque ne menaça la république. Au prix des boute-feux de Catilina qu'étaient-ce que les Gracques, que Saturninus ?—A moins qu'on ne doute du fait ? mais comment en douter ? les preuves matérielles sont là.

3. Quare, P. C., consulite vobis ! prospicite patriæ, conservate vos, conjuges, liberos, fortunasque vestras ; populi romani nomen salutemque defendite,—mihi parcere, ac de me cogitare desinite. Nam primùm debeo sperare omnes Deos, qui huic urbi præsident, pro eo mihi ac mereor[1], relaturos gratiam esse ; deinde, si quid obtigerit[2], æquo animo paratoque moriar : neque enim turpis mors forti viro potest accidere, neque immatura consulari, nec misera sapienti. Nec tamen ego sum ille ferreus[3], qui fratris carissimi[4] atque amantissimi pæsentis mœrore non movear, horumque omnium lacrymis, a quibus me circumsessum videtis ; neque meam mentem non domum sæpe revocat exanimata uxor[5], abjecta metu filia[6], et parvulus filius[7], quem mihi videtur amplecti respublica tanquam obsidem consulatûs mei, neque ille, qui exspectans hujus exitum diei, adstat in conspectu meo gener[8]. Moveor his rebus omnibus, sed in eam partem, ut salvi sint vobiscum omnes, etiam si vis aliqua me oppresserit, potius quàm ut et illi peste et nos unâ reipublicæ peste pereamus.

4. Quare, P. C., incumbite ad reipublicæ salutem,

1. *Pro.. . mereor. Pro*, proportionnellement à — *eo ac*, ce que, — *mereor*, je mérite.

2. *Si quid obtigerit.* Euphémisme. *obtigerit* moins fort qu'*acciderit* ; se dire pourquoi Cicéron l'emploie, Lien qu'un peu plus bas il prononce nettement *moriar.*

3. *Ferreus.* Au contraire. Et peut-être l'histoire a-t-elle droit de lui faire quelque reproche au sujet de cette extrême sensibilité.

4. *Fratris.* Q. Tullius Cicéron, préteur, puis gouverneur d'Asie, en 63,

et enfin lieutenant de César dans les Gaules.

5 *Uxor.* Térentia, qui plus tard épousa Salluste, puis l'orateur Messala Corvinus.

6. *Filia.* Tullie, que Cicéron aimait beaucoup et qu'il nomme huit fois dans ses lettres et ailleurs Tulliola. Elle était mariée à C. Calpurnius Piso Frugi. On sait qu'elle mourut fort jeune, et que Cicéron désespéré lui éleva un autel.

7. *Filius.* Qui comme son père se nomme M Tull. Cicero

8. *Gener. Voy.* note 6.

circumspicite omnes procellas, quæ impendent, nisi
providetis! Non Tib. Gracchus, qui iterum tribunus
plebis fieri voluit[1]; non C. Gracchus, qui agrarios[2]
concitare conatus est; non L. Saturninus, qui C.
Memmium occidit[3], in discrimen aliquod atque in
vestræ severitatis judicium adducitur. Tenentur ii,
qui ad urbis incendium, ad bonorum omnium cædem,
ad Catilinam accipiendum, Romæ restiterunt; tenentur litteræ, signa, manus, denique uniuscujusque
confessio. Sollicitantur Allobroges; servitia excitantur[4]; Catilina arcessitur; id est initum consilium, ut,
interfectis omnibus, nemo ne ad deplorandum quidem
reipublicæ nomen, atque ad lamentandam tantam imperii calamitatem relinquatur.

III. D'ailleurs il y a chose jugée, quintuplement jugée, par le sénat même.....
Mais ce n'est pas une fin de non-recevoir qu'allègue ici l'orateur. Il suppose que
rien n'est fait, et reprend la discussion de point en point, fait et pénalité.

5. Hæc omnia indices detulerunt, rei confessi
sunt, vos multis jam judiciis judicastis[5] : primùm,
quod mihi gratias egistis singularibus verbis, et meâ
virtute atque diligentiâ perditorum hominum pate-
factam esse conjurationem decrevistis; deinde quod
P. Lentulum, ut se abdicaret præturâ, coegistis;
tum quod eum, et cæteros, de quibus judicastis, in
custodiam dandos censuistis; maximèque quòd meo
nomine supplicationem decrevistis, qui honos togato
habitus ante me est nemini; postremò hesterno die
præmia legatis Allobrogum Titoque Vulturcio de-

1. *Tib. voluit.* C'est effectivement en
voulant se faire réélire contrairement
au vœu de la loi que fut tué Tiberius.

2. *Agrarios. Voy.* 1re Cat.

3. *L. Saturninus...occidit. Voy.* aussi
1re Cat.

4. *Servitia excitantur. Voy.* la lettre
de Lentulus à Catilina, dans la 3e Cat.,
et *comp.* les notes.

5. *Judicastis.* Tout le paragraphe
est de la plus haute importance, et
rien n'est plus adroit. Bien des sénateurs peut-être voulaient chicaner sur la
culpabilité des accusés; Cicéron rend

ce subterfuge impossible : il les tient au
collet par le plus fort des précédents,
un précédent créé par eux-mêmes, un
précédent de la veille. En toute cause
il y a deux points à considérer, 1o le
fait (oui ou non l'accusé a-t-il commis.....?) 2o la peine (admis que le
fait soit vrai). Que fait Cicéron? il ré-
duit la délibération du jour au second
point. Le premier, dit-il, ne fait plus
question : la question sur le fait a été
posée hier, et vous l'avez, sénateurs,
résolue dans le sens affirmatif. Et il le
prouve par quatre moyens.

distis amplissima : quæ sunt omnia ejusmodi, ut ii, qui in custodiam nominatim dati sunt, sine ullâ dubitatione a vobis damnati esse videantur.

6. Propositio. Sed ego institui referre ad vos, P. C., tanquam integrum[1], et de facto, quid judicetis, et de pœnâ, quid censeatis. Illa prædicam, quæ sunt consulis[2]. Ego magnum in republicâ versari furorem, et nova quædam misceri et concitari mala jampridem videbam : sed hanc tantam, tam exitiosam haberi conjurationem a civibus, nunquam putavi. Nunc, quidquid est, quòcumque vestræ se mentes inclinant atque sententiæ, statuendum vobis ante noctem est[3]. Quantum facinus ad vos delatum sit, videtis. Huic si paucos putatis affines esse, vehementer erratis. Latius opinione disseminatum est hoc malum : manavit non solùm per Italiam, verùm etiam transcendit Alpes, et obscurè serpens, multas jam provincias occupavit. Id opprimi sustentando, ac prolatando, nullo pacto potest : quâcumque ratione placet, celeriter vobis vindicandum est.

7. Disquisitio sententiarum. Video duas adhuc esse sententias : sunam D. Silani, qui censet eos, qui hæc delere conati sunt, morte esse mulctandos; alteram C. Cæsaris, qui mortis pœnam removet, cæterorum suppliciorum omnes acerbitates amplectitur. Uterque et pro suâ dignitate[4] et pro rerum magnitudine in summâ

1. *Integrum.* Auquel on n'avait pas encore touché, qui n'avait pas encore été entamé. Or elle avait été entamée la veille la grande question relative aux accusés, cette question qui se divise en fait et peine.

2. *Illa.... consulis.* Le consul proposait quatre mesures, en d'autres termes, avait l'initiative, et prétendait à ses conclusions par un rapport. *Comp.* 1re Cat.

3. *Statuendum.... est.* On pouvait craindre un mouvement en faveur des conjurés *Comp.* plus bas, no 14.

4. *Pro suâ dignitate.* On voit avec combien de ménagements Cicéron attaque l'aveu de César, à tort soupçonné d'être de la conjuration, mais certainement fort bien instruit de son existence, et favorisant sinon le complot du moins les auteurs du complot, et en général tous les éléments de révolutions, révolutions dont il comptait bien profiter.

severitate versatur. Alter eos, qui nos omnes, qui populum romanum vitâ privare conati sunt, qui delere imperium, qui populi romani nomen exstinguere, punctum temporis frui vitâ et hoc communi spiritu, non putat oportere : atque hoc genus pœnæ sæpe in improbos cives in hac republicâ esse usurpatum recordatur : alter intelligit[1], mortem a Diis immortalibus non esse supplicii causâ constitutam, sed aut necessitatem naturæ, aut laborum ac miseriarum quietem esse. Itaque eam sapientes nunquam inviti, fortes etiam sæpe libenter oppetiverunt. Vincula verò, et ea sempiterna, certè ad singularem pœnam nefarii sceleris inventa sunt : itaque municipiis dispertiri jubet. Habere videtur ista res iniquitatem, si imperare velis ; difficultatem, si rogare[2]. Decernatur tamen, si placet. Ego enim suscipiam, et, ut, spero, reperiam, qui id, quod salutis omnium causâ statueritis, non putet esse suæ dignitatis recusare.

8. Adjungit gravem pœnam municipibus[3], si quis eorum vincula ruperit : horribiles custodias circumdat, et digna scelere hominum perditorum sancit, ne quis eorum pœnam, quos condemnat, aut per senatum, aut per populum levare possit. Eripit etiam spem, quæ sola hominem in miseriis consolari solet. Bona præterea publicari jubet : vitam solam relinquit nefariis hominibus. Quam si eripuisset, multos, uno dolore, animi atque corporis, et omnes scelerum pœnas ademisset[4]. Itaque ut aliqua in vitâ formido improbis esset posita, apud inferos ejusmodi quædam

---

1. *Alter intelligit.* A ce résumé il faut comparer l'analyse p'us détaillée que donne Salluste du discours de César, nº 51.

2. *Habere... rogare.* En effet, imposer aux unes un faix qu'on n'impose point aux autres, est injustice ; les prier de l'accepter, c'est s'exposer à un refus. Car qui s'accommode de mauvais voisinage, de mesures dispendieuses et de responsabilité rude ?

3. *Municipibus*, etc., etc. On sent que toutes ces mesures additionnelles si pompeusement amenées, ne sont quelque chose qu'aux yeux des dupes.

4. *Quàm si... ademisset.* C'était un bien pitoyable argument, au sérieux : peu digne de la noblesse d'âme, de l'humanité que réellement possédait César.

illi antiqui supplicia impiis constituta esse voluerunt[1] : quod videlicet intelligebant, his remotis, non esse mortem ipsam pertimescendam.

V. Au milieu de tous les motifs qu'allègue César, deux faits subsistent : c'est 1o qu'il faut une répression sévère, une peine grave (graduez maintenant cette gravité, sénateurs; telle est la conclusion sous-entendue); et 2o que la loi Sempronia ne doit pas s'appliquer aux ennemis de la patrie (combattre ou machiner contre elle, c'est n'être plus citoyen, et C. Gracchus, auteur de cette loi Sempronia, n'a-t-il pas été privé du bénéfice de sa loi?)

9. Nunc, P. C., ego meâ video quid intersit, si eritis secuti sententiam C. Cæsaris ; quoniam hanc is in republicâ viam, quæ popularis habetur, secutus est, fortasse minus erunt, hoc auctore et cognitore[2] hujusce sententiæ, mihi populares impetus pertimescendi. Sin illam alteram, nescio an amplius mihi negotii contrahatur[3]; sed tamen meorum periculorum rationes utilitas reipublicæ vincat. Habemus enim a C. Cæsare, sicut ipsius dignitas, et majorum ejus amplitudo postulabat, sententiam, tanquam obsidem perpetuæ in rempublicam voluntatis : intellectum est, quid intersit inter lenitatem concionatorum, et animum verè popularem[4], saluti populi consulentem.

10. Video de istis, qui se populares haberi volunt, abesse non neminem[5], ne de capite videlicet civium romanorum sententiam ferat. Is et nudius tertius in custodiam cives romanos dedit, et supplicationem mihi decrevit, et indices hesterno die maximis præmiis affecit. Jam hoc nemini dubium est, qui reo custodiam, quæsitori gratulationem, indici præmium

1 *Itaque.... voluerunt.* Cicéron dans tout ceci a bien l'air de donner toutes ces idées sur l'autre vie que comme des imaginations.

2. *Auctore et cognitore. Auctor* est celui qui émet le premier un avis; *cognitor,* le fondé de pouvoirs d'une partie présente.

3. *Sin.... contrahatur.* Il y a ici ellipse logique ; et voici les idées tout au long : adoptez-vous l'autre avis, eh bien ! ce sera pour moi un peu plus d'affaires sur les bras ! encore, est-ce bien sûr, cela ? ce surcroît d'embarras, l'aurai-je bien réellement ? je n'en sais trop rien. N'importe, au reste....

4. *Lenitatem.... popularem.* C'est en concluant à des peines légères, c.-à-d. en contrariant le vœu du peuple, que César se montre vraiment populaire ; en obéissant à sa voix, en le cajolant, il ne serait qu'un ennemi, en même temps qu'un flatteur de la multitude.

5 *Non neminem.* Quelqu'un ; probablement Crasssus, toujours fort influent par ses richesses.

decrevit, quid de totâ re et causâ judicarit. At verò
G. Cæsar intelligit, legem Semproniam[1] esse de civibus romanis constitutam ; qui autem reipublicæ
sit hostis, eum civem esse nullo modo posse ; denique
ipsum latorem legis Semproniæ, jussu populi pœnas
reipublicæ dependisse[2] : idem etiam ipsum Lentulum
largitorem, et prodigum, non putat, quum de pernicie populi romani et exitio hujus urbis tam acerbè,
tamque crudeliter cogitarit, appellari posse popularem. Itaque homo mitissimus atque lenissimus non
dubitat, P. Lentulum æternis tenebris vinculisque
mandare ; et sancit in posterum, ne quis hujus supplicio levando se jactare, et in pernicie populi romani
posthac popularis esse possit : adjungit etiam publi-
cationem bonorum, ut omnes animi cruciatus et
corporis etiam egestas ac mendicitas consequantur.

VI. Aucuns parlent de philanthropie. Sophisme ! L'humanité, c'est d'avoir pitié de
milliers, de millions d'hommes, et non d'un individu coupable. Laisser piller,
égorger, incendier, c'est être inhumain ; frapper qui trame viol, pillage, meurtre
et embrasement, c'est de l'humanité. Qu'un esclave massacre tous les vôtres, par-
donner à ce bourreau de tout ce que vous avez aimé, sera-ce faire preuve de
sensibilité ? Voyez L. César, beau-frère de Lentulus, il disait avant hier : « Meure
Lentulus ! »

11. Quamobrem sive hoc statueritis, dederitis mihi
comitem ad concionem, populo romano carum atque
jucundum[3] ; sive illam Silani sententiam sequi malue-
ritis, facilè me, atque vos à crudelitatis vituperatione
defendetis ; atque obtinebo, eam multò leviorem fuisse. Quanquam, Patres Conscripti, quæ potest esse
in tanti sceleris immanitate puniendâ crudelitas ? Ego
enim de meo sensu judico. Nam ita mihi salvâ republicâ vobiscum perfrui liceat, ut ego, quod in hac

1. *Legem Semproniam.* Une de celles
qui abolissaient pour tout citoyen romain la peine de mort. C. Gracchus,
auteur de cette loi, avait pour nom
Sempronius.

2. *Dependisse.* Il a bien des fois
été question de sa mort violente, en 121.

3. *Dederitis.... jucundum.* Il est donc
clair que la mesure aurait dû être ra-
tifiée par le peuple, et que dans ce cas,
le sénatus-consulte à convertir en plébiscite était présenté, développé, sou-
tenu par le consul et l'auteur de l'avis,
base du sénatus-consulte.

causâ vehementior sum, non atrocitate animi moveor (quis enim est me mitior[1] ?), sed singulari quâdam humanitate et misericordiâ. Videor enim mihi hanc urbem videre, lucem orbis terrarum, atque arcem omnium gentium, subitò uno incendio concidentem : cernò animo sepultâ in patriâ miseros atque insepultos acervos civium ; versatur mihi ante oculos adspectus Cethegi et furor, in vestrâ cæde bacchantis.

12. Quum verò mihi proposui[2] regnantem[3] Lentulum, sicut ipse se ex fatis sperasse confessus est ; purpuratum[4] esse hunc Gabinium ; cum exercitu venisse Catilinam ; tum lamentationem matrumfamiliâs, tum fugam virginum atque puerorum, ac vexationem virginum Vestalium[5], perhorresco : et, quia mihi vehementer hæc videntur misera atque miseranda, idcirco in eos qui ea perficere voluerunt, me severum vehementemque præbeo. Etenim quæro, si quis paterfamiliâs, liberis suis a servo interfectis[6], uxore occisâ, incensâ domo, supplicium de servo non quam acerbissimum sumpserit ; utrùm is clemens ac misericors, an inhumanissimus et crudelissimus esse videatur ? Mihi verò importunus[6] ac ferreus, qui non dolore ac cruciatu nocentis, suum dolorem cruciatumque lenierit. Sic nos in his hominibus, qui nos, qui conjuges, qui liberos nostros trucidare voluerunt ; qui singulas uniuscujusque nostrûm domos, et hoc universum reipublicæ domicilium delere conati sunt ; qui id egerunt, ut[7] gentem Allobrogum in[8] vestigiis

---

1. *Non... mitior?* Très - exact. *Comp.* note 3 de la page 61.

2. *Mihi proposui.* Je me représente : parfait, qui devient présent. Comme *novi*, je sais, etc.

3. *Regnantem.* *Voy.* 3e Cat , note 5 et 6 de la page 45.

4. *Purpuratum.* Même idée que *regnantem*, ci-dessus. — Personne à Rome, au temps de Cicéron, n'était de la tête aux pieds vêtue de pourpre (ὁλοπόρφυρος) Sous l'empire l'usage en vint : on sait ce que voulait dire au 3e siècle, *prendre la pourpre.* Rome, grecque sous Vespasien, était devenue orientale sous Trajan. — Horace :

Pùrpurei metuunt tyranni.

5. *Virg. Vestalium. Voy.* p. 60, note 7.

6. *Inportunus.* Agissant hors de propos, monstruueux, etc.

7. *Ut.* Non pas dans le sens d'*afin que. Egerunt* ont fait *id* ceci (quoi donc ? le voici) : *ut collocarent*, placer....., c.-à-d. s'y sont pris de manière à placer....

8 *In.* A propos de, lorsqu'il y va de

hujus urbis, atque in cinere deflagrati imperii collocarent ; si vehementissimi fuerimus, misericordes
habebimur : sin remissiores esse voluerimus, summæ
nobis crudelitatis in patriæ civiumque pernicie fama
subeunda est.

13. Nisi vero cuipiam L. Cæsar[1], vir fortissimus
et amantissimus reipublicæ, crudelior nudiustertius
visus est, quam sororis suæ, feminæ electissimæ,
virum[2], præsentem et audientem, vitâ privandum
esse dixit; quum avum jussu consulis interfectum,
filiumque ejus impuberem, legatum a patre mis-
sum, in carcere necatum esse dixit[3]. Quorum, quod
simile factum? quod initum delendæ reipublicæ consilium? Largitionis voluntas tum in republicâ versata
est, et partium quædam contentio. Atque illo tempore hujus avus Lentuli[4], clarissimus vir, armatus
Gracchum est persecutus : ille etiam grave tum vul-
nus accepit, ne quid de summâ dignitate reipublicæ
minueretur. Hic ad evertenda fundamenta reipublicæ
Gallos arcessivit, servitia concitavit, Catilinam evo-
cavit, attribuit nos trucidandos Cethego, cæteros cives
interficiendos Gabinio, urbem inflammandam Cassio,
totam Italiam vastandam diripiendamque Catilinæ.
Vereamini, censeo, ne in hoc scelere tam immani
ac nefando nimis aliquid severè statuisse videamini;
quum multò magis sit verendum, ne remissione pœnæ
crudeles magis in patriam, quàm ne severitate ani-
madversionis nimis vehementes in acerbissimos hostes fuisse videamur.

1. *L. Cæsar.* Ce n'est pas le grand
César, le César qui vote contre la mort
il avait pour prénom Caïus.

2. *Virum.* Lentulus ? La sœur de
L. César se nommait Julie.

3. *Avum jussu... dixit.* Cet aïeul (du
côté maternel), était Fulvius Flaccus,
sur lequel, *Voy.* 1re Cat.

4. *Hujus avus Lentuli. Voy.* 3e Cat.,
note 2 de la p. 47.

VII. D'autres se rabattent sur l'impossibilité d'exécuter le senatus-consulte, s'il est
sévère. Cela regarde Cicéron, et Cicéron a pris toutes ses mesures, sauf quelques hommes qui sont l'exception et qu'il brave, tant les citoyens le secondent
et sont là, n'attendant que ses ordres, et brûlant de s'exposer pour le salut de
Rome. Enumération des classes diverses qui luttent de zèle. Excellent esprit de
l'ordre des chevaliers, qui cesse en ce jour de jalouser le sénat.

14. Sed ea quæ exaudio, Patres Conscripti, dissi-
mulare non possum ; jactantur enim voces, quæ per-
veniunt ad aures meas, eorum, qui vereri videntur,
ut habeam satis præsidii[1] ad ea, quæ vos statueritis
hodierno die, transigenda. Omnia et provisa, et parata, et constituta sunt, Patres Conscripti, quum meâ
summâ curâ atque diligentiâ, tum multò etiam majore populi romani ad summum imperium retinen-
dum, et ad communes fortunas conservandas voluntate. Omnes adsunt omnium ordinum homines, omnium
denique ætatum : plenum est forum, plena templa
circa forum, pleni omnes aditus hujus loci ac templi.
Causa enim est post urbem conditam hæc inventa
sola, in quâ omnes sentirent unum atque idem, præter eos, qui quum sibi viderent esse pereundum, cum
omnibus potiùs, quàm soli, perire voluerunt.

15 Hosce ego homines excipio et secerno libenter ;
neque enim in improborum civium, sed in acerbissi-
morum hostium numero habendos puto. Cæteri verò,
Dii immortales ! quâ frequentiâ, quo studio, quâ
virtute ad communem dignitatem salutemque consentiunt ! Quid ego hìc equites romanos commemorem ?
qui vobis ita summam ordinis consiliique concedunt,
ut vobiscum de amore reipublicæ certent ? Quos ex
multorum annorum dissensione[2] ad hujus ordinis so-
cietatem concordiamque revocatos, hodiernus dies vobiscum, atque hæc causa conjungit : quam conjunc-

1. *Satis præsidii*, etc. On devine
que les alarmistes qui tenaient ce langage, avaient pour but d'empêcher la
condamnation capitale par la crainte
d'un soulèvement.

2. *Equites... dissensione. Voy.* 1re C.

tionem si in consulatu confirmatam meo, perpetuam in republicâ tenuerimus, confirmo vobis, nullum posthàc malum civile ac domesticum ad ullam reipublicæ partem esse venturum. Pari studio defendendæ reipublicæ convenisse video tribunos ærarios [1], fortissimos viros : scribas [2] item universos, quos, quum casu hic dies ad ærarium frequentâsset, video ab amore debitæ pecuniæ, ab exspectatione sortis [3], ad communem salutem esse conversos. Omnis ingenuorum adest multitudo, etiam tenuissimorum [4]. Quis est enim, cui non hæc templa, adspectus urbis, possessio libertatis, lux denique hæc ipsa, et hoc commune patriæ solum, quum sit carum, tum verò dulce atque jucundum ?

VIII. Les affranchis, les esclaves, les gagne-petit des échoppes : en vain les âmes damnées de Lentulus cherchent à soulever ces derniers, il y perdent leurs pas, leurs paroles et leur argent. Commencement de la péroraison.

16. Operæ pretium est, Patres Conscripti, libertinorum hominum studia cognoscere; qui suâ virtute fortunam civitatis hujus consecuti, hanc verè suam patriam esse judicant : quam quidam hinc nati, et summo nati loco, non patriam suam, sed urbem hostium esse judicaverunt. Sed quid ego hujusce ordinis homines commemorem, quos privatæ fortunæ, quos communis respublica, quos denique libertas ea, quæ dulcissima est, ad salutem patriæ defendendam excitavit? servus est nemo, qui modò tolerabili conditione sit servitutis, qui non audaciam civium perditorum perhorrescat; qui non hæc stare cupiat; qui non tantùm, quantùm audet et quantùm potest, conferat ad communem salutem voluntatis.

17. Quare si quem vestrûm fortè commovet hoc,

---

1. *Tribunos ærarios.* Ils étaient trois, et formaient comme un conseil de trésorerie générale.

2. *Scribas.* Greffiers, commis, employés subalternes aux écritures de toute espèce. Quoique l'administration fût loin d'offrir autant de rouages que chez nous, ils étaient encore fort nombreux.

3. *Sortis.* En général, lot; et ici, portion mensuelle, traitement, celui-ci se composait sans doute d'un fixe et d'un casuel, d'ou peut-être le nom de *sors.*

4. *Tenuissimorum.* Des moindres classes (les 4e, 5e et 6e qui comptaient à peine, et dont rarement même on croyait nécessaire de prendre les votes).

quod auditum est , leuonem quemdam Lentuli concur-
sare circum tabernas[1], pretio sperantem sollicitari
posse animos egentium atque imperitorum , — est id
quidem cœptum atque tentatum ; sed nulli sunt in-
venti tam aut fortunâ miseri, aut voluntate perditi,
qui non ipsum illum sellæ atque operis et quæstûs
quotidiani locum ; qui non cubile , ac lectulum suum ;
qui denique non cursum[2] hunc otiosum vitæ suæ, sal-
vum esse velint : multò verò maxima pars eorum , qui
in tabernis sunt ; immò verò (id enim potius est di-
cendum) genus hoc universum amantissimum est otii :
etenim omne eorum instrumentum , omnis opera ac
quæstus , frequentiâ civium sustinetur , alitur otio[3] ;
quorum si quæstus , occlusis tabernis , minui solet ,
quid tandem incensis futurum est ? Quæ quum ita sint,
Patres Conscripti , vobis populi romani præsidia non
desunt ; vos ne populo romano deesse videamini, pro-
videte.

IX. Belle position du sénat, il a tout pour lui, Dieux , hommes , peuple et consul.

18 . Habetis consulem , ex plurimis periculis et insidiis atque ex mediâ morte , non ad vitam suam , sed
ad salutem vestram reservatum ; omnes ordines ad
conservandam rempublicam mente, voluntate, studio,
virtute , voce , consentiunt : obsessa facibus et telis
impiæ conjurationis , vobis supplex manus tendit patria communis ; vobis se vobis, vitam omnium civium,
vobis arcem et Capitolium , vobis aras Penatium ,
vobis illum ignem Vestæ perpetuum ac sempiternum,

1. *Tabernas.* Plutôt échoppes que boutiques. Des boutiques supposent du commerce , dans les échoppes ónt fait de l'industrie. Quant à l'importance de cette industrie et au mobilier de l'échoppe, *Voy.* plus bas *illum cellæ* , etc.

2. *Otiosum.* Telle est encore la masse du peuple italien : un beau soleil, du macaroni et *niente far,* voilà la vie non seulement à Naples , cette ville du lazzaronis dont Horace disait :

Et otiosa credidit Neapolis , mais à Rome , à Florence , à Venise, partout , d'un bout de la péninsule à l'autre.

3. *Omne... otio.* Rien de plus exact : on sait qu'à la moindre émeute , les riches fuient , les cordons de la bourse se ferment , et les capitaux , rentrant sous terre, ne vont plus par mille canaux capillaires alimenter l'industrie du gagne-petit qui vit au jour le jour.

vobis omnia templa Deorum atque delubra, vobis
muros atque urbis tecta commendat. Præterea de
vestrâ vitâ, de conjugum vestrarum ac liberorum
animâ, de fortunis omnium, de sedibus, de focis vestris[1], hodierno die vobis judicandum est.

19. Habetis ducem, memorem vestrî, oblitum suî :
quæ non semper facultas datur, habetis omnes ordines, omnes homines, universum populum romanum,
in quod in civili causâ[2] hodierno die primùm videmus,
unum atque idem sentientem. Cogitate, quantis laboribus fundatum imperium, quantâ virtute stabili-
tam libertatem, quantâ Deorum benignitate auctas
exaggeratasque fortunas una nox pene delêrit. Id ne
unquam posthac non modo confici, sed ne cogitari
quidem possit a civibus, hodierno die providendum
est. Atque hæc non ut vos, qui mihi studio penè præ-
curritis, excitarem, locutus sum ; sed ut mea vox,
quæ debet esse in republicâ princeps[3], officio functa
consulari videretur.

X Retour sur lui-même, et nouvelle digression sur les dangers que lui prépare la
haine des traîtres dont il a deviné les plans : il s'en console, se dit que tôt ou tard
tous doivent mourir, se place non loin de Scipion de Zama, Scipion de Carthage et Numance, Paul Emile, Marius, Pompée, au-dessus peut-être, et
proclame que les périls, sinon la gloire, auront été plus grands de son côté.

20. Nunc, Patres Conscripti, antequam ad sententiam redeo, de me pauca dicam. Ego, quanta manus
est conjuratorum, quam videtis esse permagnam,
tantam me inimicorum multitudinem suscepisse video ;
sed eam esse judico turpem et infirmam, et contemp-
tam et abjectam. Quòd si aliquando alicujus furore
et scelere concitata manus ista, plus valuerit quàm
vestra ac reipublicæ dignitas, me tamen meorum
factorum atque consiliorum nunquam, Patres Con-
cripti, pœnitebit. Etenim mors, quam illi mihi for-

1. *Focis vestris.* Ce que les anciens regardaient comme le sanctuaire de la maison : *foci* en latin a toute la force de l'anglais *home.*

2. *Civili causa.* Cause politique.

3. *Debet.... princeps.* Compulsez 1re Cat., et celle-ci, note 2 de la p. 63.

tasse minitantur, omnibus est parata; vitæ tantam laudem, quantâ vos me vestris decretis honestastis, nemo est assecutus. Cæteris enim semper bene gestæ, mihi uni conservatæ reipublicæ gratulationem decrevistis [1].

21. Sit Scipio clarus ille cujus consilio atque virtute Annibal in Africam redire atque ex Italiâ decedere coactus est [2] : ornetur alter eximiâ laude Africanus, qui duas urbes huic imperio infestissimas, Carthaginem Numantiamque delevit [3]: habeatur vir egregius, L. Paulus ille cujus currum, rex potentissimus quondam et nobilissimus, Perses honestavit [4] : sit in æternâ gloriâ Marius, qui bis Italiam obsidione et metu servitutis liberavit [5] : anteponatur omnibus Pompeius, cujus res gestæ atque virtutes, iisdem, quibus solis cursus, regionibus ac terminis continentur [6]. Erit profectò inter horum laudes aliquid loci nostræ gloriæ ; nisi fortè majus est patefacere nobis provincias, quò exire possimus, quàm curare, ut etiam illi, qui absunt, habeant, quò victores revertantur.

22. Quanquam est uno loco conditio melior externæ victoriæ, quàm domesticæ, quòd hostes alienigenæ, aut oppressi serviunt, aut, recepti [7], beneficio se obligatos putant; qui autem ex numero civium dementiâ aliquâ depravati, hostes patriæ semel esse cœperunt, eos, quùm a pernicie reipublicæ repuleris, nec vi coercere, nec beneficio placare possis.

---

1. *Cæteris... decrevistis.* La même idée, presque les mêmes expressions que plus haut, Cat. 3ᵉ, p. 5o, texte de la note 2.

2. *Scipio.... coactus est.* Le vainqueur de Zama, le premier Africain.

3. *Alter.... delevit. Scipion Emilien.* Carthage détruite, 146 ; Numance ruinée, 133.

4. *Paulus.... honestavit.* Père de Scipion Emilien qu'adopta le fils du 1ᵉʳ Africain. Sa victoire de Pydna, qui mit fin à l'indépendance de la Macédoine, est de 168.

5. *Bis.... liberavit.* En 42, par la

bataille d'Aix où périrent les Ambrons et les Cimbres, et non par celle de Verceil où furent taillés en pièces les Teutons. Catulus son collègue eut plus de part que lui à cette victoire ; mais l'opinion en fit honneur à Marius.

6. *Pompeïus... continentur.* Ces exagérations se réduisent à dire que Pompée poussait un peu plus loin à l'est, que les Romains ses prédécesseurs. Mais ni Cicéron ni ses contemporains lettrés ne pouvaient ignorer qu'Alexandre avait été près de cent lieues au delà.

7. *Recepti.* Admis à composition.

Quare mihi cum perditis civibus æternum bellum
susceptum esse video : quod ego vestro bonorumque
omnium auxilio, memoriâque tantorum periculorum,
quæ non modò in hoc populo qui servatus est, sed
etiam in omnium gentium sermonibus ac mentibus
semper hærebit, a me, atque meis facilè propulsari
posse confido ; neque ulla profectò tanta vis reperietur, quæ conjunctionem vestram equitumque romanorum, et tantam conspirationem bonorum omnium perfringere et labefactare possit.

XI. Qu'au moins le peuple sauvé par lui, se souvienne à jamais de lui! que son
fils trouve dans ce souvenir un bouclier, un marche-pied pour les grandeurs!
qu'enfin le sénat prononce sans crainte d'émeute et de désobéissance : il est là,
force restera à justice !

23. Quæ quum ita sint, Patres Conscripti, pro
imperio, pro exercitu, pro provinciâ, quam neglexi,
pro triumpho, cæterisque laudis insignibus, quæ sunt
a me propter urbis vestræque salutis custodiam repudiata [1], pro clientelis, hospitiisque provincialibus,
quæ tamen urbanis opibus non minore labore tueor,
quàm comparo [2]. pro his igitur omnibus rebus, et
pro meis in vos singularibus studiis, proque hâc,
quam conspicitis, ad conservandam rempublicam diligentiâ, — nihil aliud a vobis, nisi hujus temporis
totiusque mei consulatûs memoriam postulo : quæ
dum erit vestris mentibus infixa, firmissimo me muro
septum esse arbitrabor. Quòd si meam spem vis improborum fefellerit atque superaverit, commendo

1. *Provincia.... repudiata.* Comp.
3e Cat., p. 49, note 3, et celle-ci, p. 60,
n. 3. Cicéron comptait sans doute sur le
triomphe dans le cas où il eût eu
son gouvernement de Macédoine ; et
il le demanda fort sérieusement en revenant de Cilicie, où il avait remporté quelque avantage sur les Parthes au combat de l'Amanc, et pris
la ville de Pendenisse (en 51). Il
n'obtint que l'ovation.

2. *Clientelis.... comparo.* Pour tous
ces grands personnages patrons de
peuples de villes ou de riches provinciaux, autre chose était de se trouver dans sa province, autre chose
était d'être à Rome : en province, ils
étaient reçus, traités, défrayés, comblés de dons ou de redevances, etc.;
à Rome, ils recevaient, traitaient,
défrayaient. Y manquer, c'eût été lésinerie ou impuissance, c'eût été
abdiquer un patronage qui donnait
tant d'influence et de hautes chances
de pouvoir.

vobis parvum meum filium, cui profectò satis erit præsidii, non solùm ad salutem, verùm etiam ad dignitatem [1], si ejus, qui hæc omnia suo solius periculo conservaverit, illum esse filium memineritis.

24. Quapropter de summâ salute vestrâ, populique romani, Patres Conscripti, de vestris conjugibus ac liberis, de aris ac focis, de fanis ac templis, de totius urbis tectis ac sedibus, de imperio, de libertate, de salute Italiæ, deque universâ republicâ decernite diligenter, ut instituistis, ac fortiter. Habetis enim consulem, qui et parere vestris decretis non dubitet ; et ea quæ statueritis, quoad vivet, defendere, et per se ipsum præstare [2] possit.

1. *Ad dignitatem.* Effectivement il fut consul avec Auguste.

2. *Qui et... præstare.* Résumé de tout le discours. Décrétez, je ferai : vous êtes puissance législative et judiciaire, je serai puissance exécutrice. Effectivement, dès que le jugement à mort fut rendu, Cicéron, se transportant à la prison, fit étrangler les coupables en sa présence, puis rentrant chez lui par le forum où s'étaient formés des rassemblements, dissipa d'un mot les groupes prêts pour l'émeute. Ce mot était *vixerunt,* « ils ont vécu. »

FIN.

TABLE DES MATIÈRES.

PREMIÈRE CATILINAIRE.

DEUXIÈME CATILINAIRE.

TROISIÈME CATILINAIRE.

QUATRIÈME CATILINAIRE.

FIN DE LA TABLE DES MATIÈRES.